입양,
조선시대 양반의
아들 교환

입양, 조선시대 양반의 아들 교환

초판 1쇄 인쇄 2023년 11월 13일
초판 1쇄 발행 2023년 11월 20일

—

기 획 한국국학진흥원
지은이 한상우
펴낸이 이방원

책임편집 정조연　　**책임디자인** 박혜옥
마케팅 최성수·김 준　　**경영지원** 이병은

—

펴낸곳 세창출판사
신고번호 제1990-000013호　주소 03736 서울특별시 서대문구 경기대로 58 경기빌딩 602호
전화 02-723-8660　팩스 02-720-4579　이메일 edit@sechangpub.co.kr　홈페이지 http://www.sechangpub.co.kr
블로그 blog.naver.com/scpc1992　페이스북 fb.me/Sechangofficial　인스타그램 @sechang_official

—

ISBN 979-11-6684-270-2　94910
979-11-6684-259-7　(세트)

© 한국국학진흥원 연구사업팀, 문화체육관광부

한국국학진흥원 전통생활사총서 11

입양,
조선시대 양반의
아들 교환

한상우 지음
한국국학진흥원 기획

세창출판사

한국국학진흥원에서는 2022년부터 문화체육관광부의 지원으로 전통생활사총서 사업을 기획하였다. 매년 생활사 전문 연구진 20명을 섭외하여 총서를 간행하기로 했다. 올해 나온 20권의 본 총서가 그 성과이다. 우리 전통시대의 생활문화를 대중에 널리 알리고 공유하기 위한 여정이 시작된 것이다.

한국국학진흥원은 국내에서 가장 많은 민간기록물을 소장하고 있는 기관으로, 그 수는 총 62만 점에 이른다. 대표적인 민간기록물로 일기와 고문서가 있다. 일기는 당시 사람들의 일상을 세밀하게 이해할 수 있는 생활사의 핵심 자료이다. 고문서는 당시 사람들의 경제 활동이나 공동체 운영 등 사회경제상을 이해할 수 있는 자료이다.

한국의 역사는 『조선왕조실록』이나 『승정원일기』와 같이 세계적으로 자랑할 만한 국가기록물의 존재로 인해 중앙을 중심으로 이해되어 왔다. 반면 민간의 일상생활에 대한 이해나 연구는 관심을 덜 받았다. 다행히 한국국학진흥원은 일찍부터 민간에 소장되어 소실 위기에 처한 자료들을 수집하고 보존처리를 통해 관리해 왔다. 또한 이들 자료를 번역하고 연구하여 대중에 공개했다. 그리고 이러한 민간기록물을 활용하고 일반에 기여할 수 있는 방법으로 '전통시대 생활상'을 대중서로 집필하는 방식을 통해 생생하게 재현하여 전달하고자 했다. 일반인이 쉽게 읽을 수 있는 교양학술총서를 간행한 이유이다.

총서 간행을 위해 일찍부터 생활사의 세부 주제를 발굴하는 전문가 자문회의를 개최하고, 전통시대 한국의 생활문화를 가장 잘 구현할 수 있는 핵심 키워드를 선정하였다. 전통·생활사 분류는 인간의 생활을 규정하는 기본 분류인 정치·경제·사회·문화로 지정하였다. 이를 기반으로 매년 각 분야에서 핵심적인 키워드를 선정하여 집필 주제를 정했다. 금번 총서의 키워드는 정치는 '관직생활', 경제는 '농업과 가계경영', 사회는 '가족과 공동체 생활', 문화는 '유람과 여행'이다.

분야마다 5명의 집필진을 해당 어젠다의 전공자로 구성하였다. 서술은 최대한 이야기체 형식으로 다양한 사례를 풍부하게 녹여 달라고 요청하였다. 특히 어디서나 간단히 들고 다니며 읽을 수 있도록 쉽게 서술해 줄 것을 부탁하였다. 그러면서도 본 총서는 전문연구자가 집필했기에 전문성 역시 담보할 수 있다.

물론 전문적인 서술로 대중을 만족시키기는 매우 어렵다. 그래서 원고 의뢰 이후 5월과 8월에는 각 분야의 전공자를 토론자로 초청하여 2차례의 포럼을 진행하였다. 11월에는 완성된 초고를 바탕으로 1박 2일에 걸친 대규모 학술대회를 개최하였다. 포럼과 학술대회를 바탕으로 원고의 방향과 내용을 점검하는 시간을 가졌다. 원고 수합 이후에는 책마다 전문가 3인의 심사의견을 받았다. 2023년에는 출판사를 선정하여 수차례의 교정과 교열을 진행했다. 책이 나오기까지 꼬박 2년의 기간이었다. 짧다면 짧은 기간이다. 그러나 2년의 응축된 시간 동안 꾸준히 검토 과정을 거쳤고, 토론과 교정을 신행하며 원고의 완성도를 높이기 위해 분주히 노력했다.

전통생활사총서는 국내에서 간행하는 생활사총서로는 가장 방대한 규모이다. 국내에서 전통생활사를 연구하는 학자 대부분을 포함하였다. 2022년도 한 해의 관계자만 연인원 132명에 달하는 명실공히 국내 최대 규모의 생활사 프로젝트이다.

1990년대 이후 폭발적으로 증가했던 일상생활사와 미시사 연구는 근래에는 학계의 관심이 소홀해진 상황이다. 본 총서의 발간이 생활사 연구에 다시 활력을 불어넣는 계기가 되기를 기대한다. 연구의 활성화는 연구자의 양적 증가로 이어지고, 연구의 질적 향상 또한 이끌 것이다. 그렇게 된다면 전통문화에 대한 대중들의 관심 역시 증가할 것으로 기대된다.

본 총서는 한국국학진흥원의 연구 역량을 집적하고 이를 대

중에게 소개하기 위해 기획된 대표적인 사업의 하나이다. 참여
한 연구자의 대다수가 전통시대 전공자이며, 앞으로 수년간 지
속적인 간행을 준비하고 있다. 올해에도 20명의 새로운 집필자
가 각 어젠다를 중심으로 집필에 들어갔고, 내년에 또 20권의
책이 간행될 예정이다. 앞으로 계획된 총서만 80권에 달하며,
여건이 허락되는 한 지속할 예정이다.

대규모 생활사총서 사업을 지원해 준 문화체육관광부에 감
사하며, 본 기획이 가능하게 된 것은 한국국학진흥원에 자료를
기탁해 준 분들 덕분이다. 이 자리를 빌려 그분들께 다시 한번
감사드린다. 아울러 총서 간행에 참여한 집필자, 토론자, 자문
위원 등 연구자분들께도 감사 인사를 전한다. 책의 편집을 책임
진 세창출판사에도 감사드린다. 이 모든 과정은 한국국학진흥
원 여러 구성원의 노력이 있었기에 가능했다.

2023년 11월
한국국학진흥원 연구사업팀

차례

조선 후기 양반 가족의 특징, 입양 문화

10여 년 전, 모 대기업 회장이 자신의 친딸들을 제쳐 두고 동생의 아들, 즉 조카를 양자로 삼아 기업을 물려주어 큰 화제가 된 적이 있었다. 당시 해당 기업은 이 입양과 기업 승계가 "대를 잇고 집안 대소사에 아들이 필요하다는 유교적 가풍에 따라 이루어졌다"라는 해명을 내놓았다. 하지만 이는 첨단을 달려야 하는 대기업이 시대의 흐름을 역행하는 것 아니냐는 논란을 일으키기도 했다. 만약 조선시대였다면 어땠을까. 조선에서는 이와 같은 계승 방식은 너무 당연하게 여겨졌을 것이 분명하다. 조선 후기 양반들에게 양자 입양과 그를 통한 가계 계승은 흔한 일이었기 때문이다.

입양入養이라는 말은 데려와 양자로 기른다는 뜻이다. 좀 더 설명하자면, 이 용어는 부모가 없거나 제대로 양육받지 못하는 아동의 복지를 위해 후견인이 그를 데려와 양육한다는 의미를 담고 있다. 이처럼 오늘날 우리가 사용하는 입양이라는 용어에서는 '양養', 즉 양육이 큰 의미를 지닌다. 하지만 사실 한반도에서 이러한 용어와 개념은 근대 이후, 특히 한국전쟁 이후에나 생겨난 것이다. 조선시대에는 타인을 자식으로 삼는 행위를 입양이라 부르지 않고, 입후立後, 入後 또는 계후繼後라 불렀다. 또 당시에는 심지어 결혼하여 자녀를 둔 자를 데려와 양자로 삼는 경우가 많았다. 따라서 조선시대의 입양[1]은 양육이 핵심 개념인 오늘날의 입양과는 매우 이질적이었다. 조선시대 입양을 다루는 다양한 자료에도 '양養'이란 글자는 거의 보이지 않는다.

양자養子라는 용어 역시 조선 사람들에게는 익숙하지 않았을 것이다. 조선시대에 타인에게 입양된 양자를 가리키는 말로는 계자繼子, 系子 또는 위후자爲後者 정도가 쓰였다.[2] 입양을 나타내는 용어들을 통해 당시의 양자 입양의 목적이 아동의 양육과 복지보다는 가계의 후계자 또는 후사後嗣를 세우는 데 있었음을 짐작할 수 있다. 조선시대 입양 개념의 형성에 큰 영향을 끼친 중국에서는 전근대의 입양을 과방過房, 입사立嗣, 입계立繼 등으로 표현하였다. 이 용어들은 대부분 우리에게는 생소한데, 그 가운데서도 과방은 낳아 주신 친부의 가계로부터 양부의 가계로 옮긴다는 의미로 사용되었다.

인류 역사에서 타인을 데려와 양육하는 행위는 다양한 형태로 존재했지만, 오늘날의 입양 개념은 서구에서, 또 근대 이후에 발달했다. 전쟁이나 기근에 처한 아이들을 살리기 위한 입양, 유기된 영아들을 종교적 목적에서 양육하고 교육하기 위한 입양 등이 그 전형이다. 동아시아에서는 이와 다른 유형의 입양이 발달하였는데, 특히 중국에서는 가계를 계승할 아들을 입양하는 관습뿐 아니라, 여아를 일찍부터 입양하여 양육하다가 혼인할 나이가 되면 자기 아들과 혼인시켜 며느리 삼는 입양 관습도 발달했다. 여아 살해의 관습과 심각한 성비 불균형 때문이었다.

타인을 데려와 양육하는 일은 한반도에서도 오래전부터 있었다. 조선 전기에는 버려진 영유아를 데려와 노비로 삼거나 자녀로 키우는 일이 흔하여, 조선 정부가 관련 규정을 만들 정도였다. 이렇게 어려서 데려와 길러진 아이를 수양자收養子 또는 시양자侍養子라 불렀는데, 이는 오늘날의 입양 개념과 유사한 행위이다. 다만 이러한 입양은 오히려 시간이 지날수록 감소하였고 곧 새로운 형태의 입양이 대세를 이루었다.

오늘날 우리에게는 익숙지 않은, 장성한 타인을 데려오는 형태의 입양은 조선 후기에 들어서면서 정형화되었다. 조선 후기의 입양이 다른 시기의 입양과 다른 가장 중요한 특징은 가계 계승을 위해 부계의 친족 구성원을 후계자로 세웠다는 점이다. 이는 조선 후기에 매우 발달하였으며, 식민지기를 거쳐 1970년대까지도 주변에서 흔히 볼 수 있는 문화로 자리 잡았다. 앞에서 언급한 재벌가의 조카 입양 역시 조선 후기에 시작된 전통시대 가족문화의 잔재라 하겠다. 이 책에서는 전통시대 입양의 전형이 된 조선 후기의 입양 사례를 주로 다룰 것이다.

현대 한국인들 대부분은 전통시대 입양에 대해 잘 알지 못한다. 조선시대의 입양이 오늘날의 입양과 크게 달랐다는 사실만으로는 조선시대 입양에 대한 흥미를 느끼기 어려울지도 모른다. 하지만 오늘날에는 거의 볼 수 없는 그 관습이 당시에는 얼마나 흔한 것이었으며 필수적이었는지, 또 개인의 삶은 물론 조선 사회에 얼마나 큰 영향을 주었는지를 알게 된다면, 선조들을 이해하기 위해 전통시대 입양에 관심을 가져야 할 필요가 있다는 점에 동의하게 될 것이다.

그럼 조선시대에 입양은 얼마나 흔했을까. 연구에 따르면, 조선 후기 양반 남성 가운데 30%가 훌쩍 넘는 자들이 입양되었다고 한다.[3] 무려 양반 남성 세 명 중 한 명 정도가 친아들이 아니라 남의 아들을 데려와 자신의 후계자로 삼았다는 말이다. 이는 비슷한 시기 중국이나 일본의 엘리트들과 비교해도 매우 높은 수치이다. 심지어 당시 유럽의 귀족들에게는 타인을 입양하여 후계자로 삼는다는 개념 자체가 없었다. 따라서 조선시대의 입양은 전통시대 한국 가족의 보편적인 관습이면서도 다른 나라와 대비되는 특징적인 요소라고 할 수 있다.

조선의 입양에 관심을 기울여야 하는 또 다른 이유는 가장 급격하고 전면적으로 달라진 가족문화가 전통 입양 관습이라는 데도 있다. 이미 우리는 조선 후기 입양이 오늘날의 입양과 비교하여, 그 용어와 개념, 목적에서 큰 차이가 있음을 살펴보았다. 전통 가족문화 가운데 근대 이후 가장 먼저, 가장 큰 변화를 겪은 것이 바로 입양 개념과 관습이었다. 조선시대에 만연했던 가계 계승을 위한 양자 입양 관습은 불과 수십 년 만에 사라져 오늘날에는 거의 찾아보기 힘들어졌다. 재벌가에서 보여 준 전통적 입양과 가계 계승이 세간의 이목을 끌었던 것도 바로 이러한 변화의 결과였다.

만약 우리가 전근대에는 흔한 관습이었지만 오늘날에는 생소해져 버린 전통시대 입양 관습을 이해할 수 있다면 전근대 사회와 우리 선조들을 이해하는 지름길을 발견하게 되지 않을까. 이런 맥락에서 이 책은 한국 전통 가족문화의 특수성을 잘 보여 주는 조선의 입양 규정 및 관습, 그리고 입양과 관련한 다양한 이야기를 소개하고자 한다. 이를 통해 전근대 입양 문화가 언제, 어떻게 유래하였는지, 그리고 그것이 조선시대의 가족은 물론, 친족 공동체의 변화와 어떤 관련성을 가지는지에 대한 독자들의 이해가 깊어지기를 기대한다.

1

양반들은 왜 그렇게
아들을 필요로 했을까?

후계자가 필요했던 양반들

한국은 강력한 남아 선호 사상과 그로 인한 성비의 불균형을 가진 나라로, 오랫동안 세계 연구자들에게 흥미로운 연구 대상이 되어 왔다. 불과 20여 년 전만 해도 아들 낳기를 기원하는 문화가 강하게 남아 있었다. 2001년 한국의 신생아 가운데 셋째로 태어나는 아이들을 살펴보면, 여아가 100명 태어날 때 남아는 109명 태어났다. 자연상태에서의 성비가 여아 100명당 남아 105명 정도이므로, 위의 수치는 자연스러운 결과가 아니다. 세 번째로 태어나는 아이 가운데 아들이 더 많은 이 현상은 부모들이 태어날 아기나, 태어난 아기가 그들이 바라던 아들이 아니었을 때, 잔인한 결정을 했기 때문에 발생했으리라 예상된다. 이렇게 아들을 필요로 하는 가족문화는 어디에서 유래했을까. 우선 지적해야 할 원인 가운데 하나는 바로 유교적 가치관이다.

가족의 재산과 권위를 누가 계승할 것인가의 문제는 인류가 탄생하고 가족이 발생하면서부터 시작되었으며, 그 해결 방법은 가족이 처한 상황과 문화적 배경에 따라 달랐을 것이다. 역사학자들은 입양 문화를 비롯한 조선 후기 가족문화와 규범이 유교의 영향을 받았다고 공통직으로 지적한다. 유교는 기원전 6세기, 중국 춘추시대에 살았던 공자가 정리한 사상으로, 한반도에는 이미 삼국시대에 전래되었다. 하지만 유교가 본격적으로 사람들의 생활과 문화 속으로 깊이 파고 들어가게 된 것은 한참 뒤인 조선시대에 들어와서부터였다. 부처의 가르침을 가장 중요하게 여기던 삼국시대나 고려시대의 엘리트들과는 달리, 조선을 건국한 사대부들은 유교를 통치의 근본이념으로 내세웠기 때문이다.

유교적 이상 국가 건설을 위해 건국 초부터 국왕들은 사대부들에게 집안에 조상을 모시는 가묘家廟를 세우고 유교식 제사를 지낼 것을 종용하였다. 유교식 제사에는 두 가지 목적이 있었다고 알려져 있다. 첫째는 조상에 대한 봉양奉養이다. 옛사람들은 사람이 죽은 뒤에도 현세와 유사한 생활을 이어 간다고 생

광산 김씨 후조당 종택의 가묘, 필자 촬영

각하였으며, 제사는 돌아가신 선조들에게 음식을 봉양하는 행
위였던 것이다. 따라서 돌아가신 부모를 제때 제사하지 않는 행
위는 부모를 굶기는 행위이며, 범죄로 여겨지곤 했다. 제사의
또 다른 목적은 가계의 승계에 있었다.[4] 조상의 기氣를 이어받
아 태어난 후손이 조상에게 제사를 지냄으로써, 자신의 근본을
생각하게 함과 동시에 집안(家)을 영속적으로 잇게 되었다. 특
히 이 두 번째 목적은 중국인들의 부계 중심 친족 관념을 반영

한 것으로, 고려나 조선 전기까지의 친족 관념과는 차이가 있었다. 하지만 유교식 제사가 광범위하게 수용되면서 한반도의 가족문화도 점차 부계를 중심으로 발전하게 되었다.

집안에 조상을 제사하는 가묘를 세웠다면, 누구에게 제사를 지내게 할 것인가도 결정해야 했다. 이를 정하는 과정에서 주로 참고한 것은 중국에서 황실의 계승과 제사의 주체를 규정하기 위해 만들어진 제도, 바로 종법제宗法制였다. 중국 고대 왕조인 주나라에서 유래되었다고 알려진 이 제도는 송나라의 주자가 유교를 발전시켜 성리학으로 만들면서 일반 상층 가족과 친족에게 적용될 수 있는 제도로 다듬어졌다. 주자의 생각은 그가 정리한 가족 의례서인 『주자가례』에 잘 드러난다. 성리학을 적극적으로 수용한 조선시대 양반들은 이 책을 가족·친족 관습의 핵심적인 지침서로 여기게 되었다. 그 결과 조선 양반의 가족문화는 먼 옛날 중국 고대 왕조의 가족 계승 방법과 사상에 깊이 젖어 들게 되었다.

종법제는 원칙적으로 적장자에게 계승권을 부여한다. 여기서 적장자란 첩이 아닌, 정식으로 혼인한 처에게서 태어난 적자 가운데 첫째 아들을 말한다. 오늘날 제사를 지낼 때면 흔히들 장남의 집, 즉 '큰집'으로 모이게 되는 이유도 종법제에 따라 제사가 장남에게로 이어져 왔기 때문이다. 그런데 이 종법을 일상에 적용하는 문제는 간단치 않았다. 가계 계승 문제는 생각보다 많은 가족 구성원의 이해관계가 얽혀 있는 문제였기 때문이다. 어쨌든 분명한 사실은 이 유교적 종법제가 아들에게 가계와 제사의 계승권을 주면서 딸들을 배제했다는 것이다.

그 결과, 유교적 가르침을 실천하려는 양반에게 아들은 선택이 아니라 필수가 되었다. 하지만 양반들이 풀 수 없는 문제가 하나 있었다. 어떤 수를 써도 생물학적으로 아들이 태어날 확률은 절반에 불과하다는 것이다. 아무리 여러 차례 출산하더라도 아들이 태어나리라는 보장은 어디에도 없었다. 산술적으로 한 부부가 두 아이를 낳았을 때 모두 딸일 가능성은 25%, 셋을 낳았을 때 모두 딸일 가능성은 12.5%나 된다. 더구나 매우 높았던 당시의 영유아 사망률은 아들이 태어나더라도 그 아들이 살아남아 가계를 계승할 확률을 더 낮추었다. 이렇게 아들이 없어 애태우던 양반 가족의 이야기가 시작된 것이다.

자연의 법칙과 유교적 종법제의 결합은 아들이 없어 가계 단절 위기에 처하는 가족을 만들어 냈다. 이런 상황은 지존인 국왕 가족도 피해 갈 수 없었다. 조선의 제20대 임금인 경종은 자녀를 낳지 못해 생전에 동생인 연잉군을 세제에 책봉하고 대리청정까지 시키라는 압박을 받아야 했다. 제24대 국왕 헌종과 제25대 국왕 철종도 왕위를 물려줄 아들을 남기지 않고 사망하여 먼 왕실 가족에서 계승자를 찾아와야 했다. 이럴 때 양반들이 사용한 방법이 바로 후계자 입양이었다. 이처럼 유교적 종법의 수용은 필연적으로 입양 문화의 확산을 수반했다.

적자가 필요했던 양반들

조선은 법적으로는 양인과 천민, 그리고 사회적으로는 양반, 중인, 상민, 천민 등으로 신분이 구분되는 나라였다. 이 신분은 대부분 태어나면서부터 부모의 신분에 따라 결정되었다. 그리고 대부분은 자신의 신분을 크게 벗어나지 못한 채 삶을 마쳤다. 조선의 최상층은 양반이었다. 양반은 자신의 학문적, 도덕적 능력을 갖추어 사회적 인정을 받아야 하기도 했지만, 무엇보다도 혈통이 중요했다. 조상 중 신분이 의심스러운 자가 있다면, 그의 양반으로서의 순수함은 오염된 것으로 간주될 수 있었다. 부모 중 한쪽이 양반이더라도 다른 한쪽이 중인이거나 상민이라면 그 자녀는 양반으로 인정받기 어려웠다. 따라서 한 아버지에게서 난 아들들이라고 해도 모두 같은 아들은 아닐 수 있었다.

조선은 기본적으로 일부일처를 원칙으로 하였으나, 법적 부인 외에 첩을 들이는 것도 허용하였다. 하지만 첩에게서 태어난 자녀들에게는 법적 부인, 즉 정실이 낳은 자녀들과 달리 여러 차별을 두었다. 대표적인 차별 가운데 하나가 서자들은 과거에 응시할 수 없다는 규정이었다. 심지어 첩의 신분에 따라서 차별이 더 심해지기도 했는데, 서자의 대명사처럼 잘 알려진 홍길동은 모친이 천민이었기 때문에 서자 중에서도 천첩賤妾의 아들인 얼자孼子로 대우받았다.

그렇다면 다른 나라의 서자들 상황은 어땠을까. 중국에서는 서자에 대한 차별이 없거나, 있더라도 상대적으로 약했다. 중국에서는 일찍부터 가부장의 권한이 강력했기 때문에 모친의 신분이 어떠하든지 아버지의 신분이 아들에게 더 강한 영향을 끼쳤다. 중국사에서는 당나라 재상 소정蘇頲, 송나라의 명장이자 재상 범중엄范仲淹 등 비천한 신분의 어머니에게 출생하였으나 역사에 이름을 남긴 인물들을 어렵지 않게 찾을 수 있다. 이러한 분위기는 당연히 조선과 비슷한 시기 중국을 지배했던 명·청나라에서도 확인할 수 있다. 명나라의 정치인이었던 성헌成憲은 1565년 과거에 합격하여 최고의 학자들만 들어간다는 한림원翰林院의 관직을 거치고 지금으로 치면 국립대학 총장인 국자감國子監의 좨주祭酒를 지냈으며, 그 학식을 인정받아 조선에 사신으로 파견되어 조선 관료들과도 교류한 인물이다. 그런데 막상 그와 교류하던 조선의 관료들은 그의 학문보다는 그가 비첩 婢妾, 즉 천한 신분 출신의 어머니에게서 태어났다는 사실이 더 흥미로웠던 모양이다.[5] 일본의 경우, 에도시대 서자들은 실력이 있거나 운이 좋으면 부친을 계승하거나 심지어 다른 가계의 계승자가 될 수도 있었다.

한반도에서도 고려와 조선 건국기까지는 서자들의 상황이 좀 나았던 모양이다. 정도전鄭道傳은 고려 말 과거에 급제하여 이성계의 조선 건국을 도운 사상가이자 정치가로 활약하였지만, 그 외조모의 신분이 천하여 신분상에서는 큰 하자가 있었던 인물이다. 세종 대의 명재상으로 알려진 황희黃喜는 고려 말부터 조선 초에 활약한 황군서라는 자의 아들이었지만, 서자였다. 좋지 않은 이미지로 잘 알려진 류자광柳子光 역시 신분상의 하자에도 불구하고 중앙 정계에서 활약한 인물이다. 그의 부친 류규는 호조참의를 지낸 인물이었지만, 모친은 노비 출신의 첩이었던 것이다. 이렇듯 조선 초까지만 하더라도 서자들은 여러 가지 경로를 통해 상층으로 올라가거나 정치에 나설 수 있었다. 이러한 상황은 일부일처의 관습이 상대적으로 확고하지 않았던 고려의 흔적이었던 것으로 보인다. 하지만 조선에 들어와 일부일처제 규정이 강해지고 서자에 대한 차별이 점차 법제화되면서, 서자들은 점차 역사에 이름을 남기기 어려워지게 되었다.

그렇다면 조선의 서자들은 조상의 제사를 지낼 수 있었을까? 양반들의 제사 및 관련 재산 규정인 『경국대전』의 「예전·봉사」 조는 다음과 같이 설명한다. "만일 적장자에게 후사가 없으면 중자衆子가, 중자도 후사가 없으면 첩의 아들이 제사를 받든다." 그러나 실제 이 규정의 적용에 관해서는 많은 논란이 있었다. 제사에 대한 권리는 가계를 계승한다는 의미 또한 지니기에 적자가 없을 때 서자가 제사를 승계한다는 규정은 서자의 가계 계승권을 허용하는 것처럼 보였기 때문이다. 실제로 양반 가족은 서자들에게 가계를 계승시키기를 꺼렸고, 서자들에게는 조상의 제사를 주관할 자격도 주지 않으려 했다. 이런 차별이 누적된 결과, 첩에게서 태어난 서자들은 부친의 사회적 지위를 제대로 물려받을 수 없었다. 『홍길동전』의 주인공 홍길동이 비록 능력은 뛰어났지만, 적자인 배다른 형과 달리 양반 관료였던 아버지의 사회적·경제적 지위를 물려받을 수 없었던 사정은 이런 시대적 배경에 있었다.

조선시대 경상도 지역의 양반들, 특히 남인 중심의 영남학파에 큰 영향을 준 학자 회재 이언적李彦迪에게는 마땅한 계승자가 없었다. 사실 그에게는 첩에게서 낳은 서자가 하나 있었는데, 그는 비록 서자였지만, 이언적이 정미사화丁未士禍에 연루되어 멀리 평안도 강계로 유배를 당했을 때 따라가 부친의 시중을

들 정도로 효심이 깊은 아들이었다. 부친이 유배지에서 돌아온 이후에도, 그리고 관직에서 물러나 경주에 은거한 이후에도 서자는 부친의 생활과 학문을 보좌하였다. 이 서자는 훗날 이언적이 생전 거주하던 독락당獨樂堂을 물려받고 하나의 지파를 형성했지만, 서자였기에 부친의 가계를 온전히 계승할 수는 없었다. 대신 이언적의 오촌 조카가 양자로 들어가 이언적의 정식 후계자로 행세하게 되었다.

양반들이 서자에게 가계를 계승하게 하지 않으려 했던 것은 매우 현실적인 이유 때문이기도 했다. 바로 조선 정부는 모친이 양반이 아니거나 부친과의 혼인에 법적 문제가 있는 경우, 그 자손의 과거 응시를 제한했기 때문이다. 양반층이 사회적 위상을 획득하고 유지하는 데 가장 중요한 도구이자, 관직으로 나아가기 위한 지름길이었던 과거에 응시할 수 없다는 이 규정은 서자들의 위상을 나락으로 떨어뜨렸다. 과거 응시 자체가 어려워져 후손 가운데 관직자가 나오지 못하게 되면 가계의 위상이 떨어지리라는 것을 쉽게 예상할 수 있었기 때문이다.

물론 무과나 사마시는 물론, 가장 중요한 시험인 문과에서도 합격자 명단에 이름을 올리는 서자나 서자의 후손이 나타나기는 했다. 하지만 어려운 과거 시험을 통과했더라도 조선 정부는 모친의 혈통에 따라 승진에 한계를 따로 정해 두었으며, 일할 수 있는 관서들도 구분했기 때문에 서자 후손들의 출세 가능성은 희박했다. 양반으로서의 위상을 유지하기 위해서는 누구와 혼인하느냐도 매우 중요한 문제였는데, 서자는 배우자 역시 서녀 가운데 찾아야 했다. 이러한 상황이 누적된다면 해당 가계는 사회적으로 몰락하여 양반으로서 위상을 유지할 가능성이 낮아진다. 이러한 이유로 양반 가족들이 서자에게 통해 가계를 잇게 하는 일은 실제로 매우 드물었다.

이러한 현실에도 불구하고 양반 부친이 서자에게 가계를 계승시킨다면 어떤 일이 벌어졌을까? 현행 오천원권 화폐에 얼굴이 등장하는 율곡 이이李珥는 서인 세력의 정신적 지주로 인정받는 대학자이면서, 그 어려운 과거에 9번이나 장원으로 합격한 것으로 유명한 인물이다. 그런데 이이는 정실인 곡산 노씨와의 사이에서 아들을 얻지 못하였고, 첩에게서 두 아들을 낳았다. 이 경우 양반 대부분이 서자는 제쳐 두고 친족을 입양하여 가계를 계승시킨 것과 달리, 이이는 자신의 서자들에게 가계를 계승시켰다. 이이의 총명함을 닮아서였는지 손자 이제李穄가 진사시에 입격하기도 했고, 음서蔭敍 등을 통해 말단 관직에 오르는 경우가 있었지만, 이후로 이이의 후손 가운데 문과 급제자나 고위직에 오르는 자는 나오지 않았다.

이이의 서녀를 첩으로 들인 김집金集의 경우도 유사하다. 성균관에는 한반도의 유학사儒學史에서 가장 존경받는 18명의 대학자가 모셔져 있는데, 그 가운데 김집은 부친 김장생金長生과 함께 부자가 나란히 성균관에 배향된 것으로 유명하다. 이렇게 대단한 가계였지만, 아들을 낳는 문제는 뜻대로 할 수 없었다. 결국, 김집 역시 적자가 없어 서자를 통해 가계를 잇게 하였다. 이 서자의 모친은 율곡 이이의 서녀였다. 김집의 서자들은 부계로는 김장생과 김집, 모계로는 이이라는 대학자들의 피를 이어

받았지만, 모친이 서녀였기에 법적으로 서자가 될 수밖에 없었다. 그 가운데 둘째인 김익련金益煉은 생원시에 합격하는 등 두각을 나타냈지만, 그 신분상의 한계로 인해 관직은 가장 말단 관직 가운데 하나인 참봉에 그치고 말았다.

사실 서자를 차별한 것은 유교 성리학 때문이 아니었다. 부계 혈통을 강조하는 성리학의 원리에 따른다면 서자에 대한 차별은 오히려 이상한 일이었다. 서자가 제사와 가계를 계승하지 못한 조선의 상황은 제사와 가계 계승을 중시하는 유교적 관념에 모친의 신분이 중요했던 조선의 사회적 분위기가 결합하여 만들어 낸 것이었다. 어쨌든 분명한 사실은 양반 가족은 가계 계승자로 서자가 아닌 아들이 필요했다는 점이다.

입양이냐 재혼이냐, 그것이 문제로다

가계 계승을 위해서는 아들이 꼭 필요했기 때문에 양반층 여성들은 계승자를 얻을 때까지 출산을 계속할 수밖에 없었다. 하지만 열악한 의료기술과 위생 상태로 인해 당시의 출산은 매우 위험했으며, 그 결과 임신 중은 물론, 출산 과정과 출산 이후에 많은 여성이 사망에 이르렀다. 배우자가 사망하면 양반 남성들은 일정 기간의 애도를 끝낸 후 새로운 배우자를 찾아 혼인하곤 했는데, 이는 역시 가계를 이을 아들을 얻기 위한 목적이 컸다. 이 혼인은 첫 번째 부인이 사망한 후에 맺어진 것이기에 일부일처의 원칙에 어긋나지 않았다.

출산으로 인한 여성의 높은 사망률과 계승자를 확보하고자 하는 욕구 때문에 양반 남성들은 두 차례 이상 혼인하는 경우가 적지 않았다. 양반층의 족보를 보면 한 남성이 세 차례 이상 배우자를 맞이하는 예도 드문 일이 아니었던 듯 보인다. 이렇게

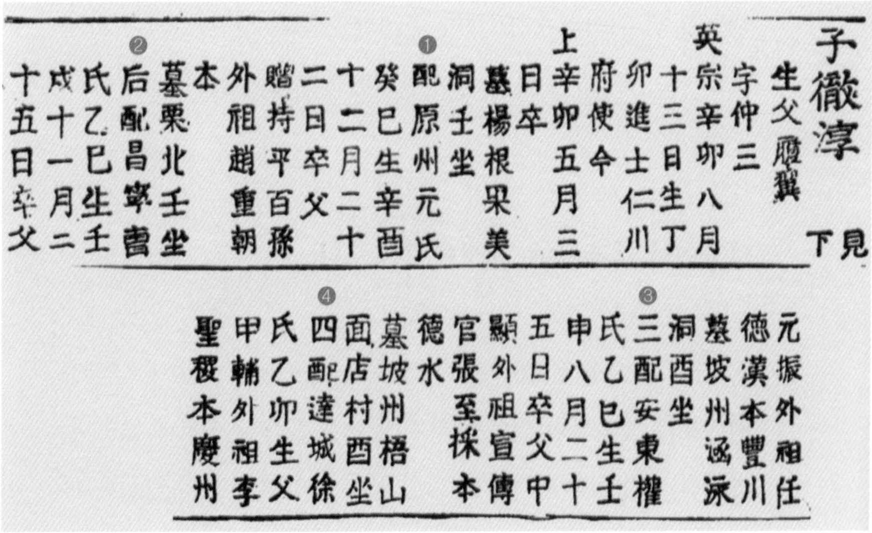
子徽淳 下見
生父履翼
字仲三
英宗辛卯八
月十三日生丁
卯進士仁川
府使今
上辛卯五月三
日卒
墓楊根果美
洞壬坐
❶ 配原州元氏
癸巳生辛酉
十二月二十
二日卒父
贈持平百孫
外祖趙重朝
本
墓栗北壬坐
❷ 后配昌寧曺
氏乙巳生壬
戌十一月二
十五日卒父

元振外祖任
德漢本豐川
墓坡州涵派
洞酉坐
❸ 三配安東權
氏乙巳生壬
申八月二十
五日卒父中
顯外祖宣傳
官張至采本
德水
墓坡州梧山
面店村酉坐
❹ 四配達城徐
氏乙卯生父
甲輔外祖李
聖稷本慶州

그림 3 네번 결혼한 안동 김씨 김철순, 『안동김씨세보』(1833, K2-1764), 한국학중앙연구원 장서각 소장

양반 남성들에게는 두 번째, 세 번째 혼인이더라도 그 배우자가 되는 여성들은 모두 초혼이었다. 배우자가 사망할 경우, 남성들은 다시 결혼할 수 있었지만, 여성들은 재혼할 수 없었기 때문이다. 이는 건국 초기부터 조선 정부가 실시했던 여성들의 재가, 즉 재혼 금지로 인해 만들어진 모습이었다.

나이 든 재혼남과 젊은 처녀의 혼인 가운데 가장 잘 알려진 것은 영조가 첫 번째 왕비인 정성왕후의 사망 이후 66세의 나이로 15세의 정순왕후를 두 번째 왕비로 맞이한 사례일 것이다. 나이 든 재혼 남성과 혼인하는 어린 처녀들이나 그 가족들의 마음이 그렇게 달갑지만은 않았을 것이다. 따라서 재혼하는 남성은 신부 측에 적지 않은 대가를 치러야 했다. 그렇기에 사회적 위상이 높지 않거나 경제력이 변변치 않은 남성들은 두 번째 아내를 구하기가 상대적으로 쉽지 않았다. 태어날 아들의 신분 때문에 아무리 어려워도 양반이 아닌 여성을 배우자로 맞이할 수는 없었을 테니 말이다.

17세기, 남북으로 여러 차례 전쟁이 휩쓸고 지나간 이후, 한반도에서는 빠른 속도로 인구와 경제가 회복되었다. 특히 양반들은 외세의 침략에 맞서 의병으로 활동한 경력과 그 희생에 대한 국가로부터의 인정에 힘입어 지방사회에서의 기반을 다시 닦아 나갔다. 개간을 통해 골짜기마다 자신들의 토지를 넓혀 나갔지만, 호황은 계속될 수 없었다. 한반도 남부에 개간할 땅이 남지 않게 된 것이다. 이로 인해 아들딸 구분 없이 균등하게 상속하던 양반층의 관습도 변하여 점차 아들들에게, 그리고 다시 장남에게 집중하여 물려주기 시작하였다. 자녀들에게 나눠 줄 수 있는 토지가 한정되어 있는 상황에서 가족의 사회적 위상과 경제력을 보존하고자 양반들은 아들에게, 그중에서도 장남에게 집중하게 된 것이다. 이러한 변화는 가계와 제사의 승계가 아들에게, 특히 적장자에게 집중되는 현상과 맞물려 발생하였던 것으로 보인다. 이러한 노력에도 불구하고 양반층의 토지 소유 규모와 경제력은 장기적으로 하락하였다.[6]

두세 번씩 혼인하면서라도 아들을 얻어야 했던 양반들에게 경제력 하락은 큰 문제였다. 오늘날의 경남 산청, 옛 단성현에 거주하던 한 양반 가문의 족보를 분석한 연구는 양반들이 이러한 상황에서 어떻게 대응하였는지 잘 보여 준다.[7] 연구는 양반들이 점차 어려워지는 재혼 대신 선택한 것이 바로 입양이었다고 설명한다. 조선 후기 이 가문의 족보에서 남성들의 재혼 비율이 줄어드는 경향과 입양의 비율이 증가하는 모습이 동시에 나타났던 것이다. 사실 여러 차례 혼인한다고 하더라도 후사를 이을 아들의 출산은 인간이 어찌할 수 없는 불확실한 문제였다. 반면, 아들을 입양하는 것은 인간이 자신의 노력을 통해 해결할 수 있는, 상대적으로 훨씬 쉽고 예측 가능한 방법이었다. 조선 후기 양반층의 경제력 하락은 양반들의 후계자를 얻는 방법에서의 선택지를 줄여 버렸다. 더구나 입양 문화가 확산되면서, 아들을 입양하는 일도 한층 수월해졌을 것이다.

물론 이러한 현상이 다른 가문, 다른 지역에서도 유사하게 발생하였는지는 더 확인이 필요하다. 그러나 확실한 것은 양반들에게는 후계자가 필요했고, 한 배우자에게서 아들을 얻지 못할 경우에 가계를 이어 갈 후계자를 얻을 방법은 재혼과 입양뿐이었다는 점이다.[8] 따라서 점점 가난해지던 조선 후기 양반들은 재혼과 입양 사이에서 고민하였을 것이다. 그리고 양반층에서는 타인의 아들을 데려와 가계를 잇게 하는 입양이 한반도 역사상 그 어느 때보다, 그리고 같은 시기의 이웃한 나라들보다 널리 받아들여졌다는 점, 그리고 입양이 조선 후기 이후 양반 가족문화를 규정하는 중요한 관습이 되었다는 점은 분명한 사실이다.

2

입양은
어떻게 진행되었나

양자는 동종同宗의 지자支子 중에서

　한 개인의 일생에서 가족의 범주는 계속 변화한다. 출생 이후에는 부모에게 속하여 가족을 이루지만, 혼인 이후에는 배우자와 자녀로 구성되는 가족을 꾸린다. 이후에도 가족 구성원의 사망이나 독립, 출생 등에 따라 가족의 규모와 그 구성원은 달라지곤 한다. 하지만 누구와 함께 사느냐의 문제, 누구를 가족으로 여기느냐의 심정적 기준을 넘어, 삶에서 발생하는 다양한 문제들은 가족을 법으로 정의하도록 요구한다.

　대한민국 민법도 가족의 범주를 다음과 같이 규정하고 있다. "1. 배우자, 직계혈족 및 형제자매. 2. 직계혈족의 배우자,

배우자의 직계혈족 및 배우자의 형제자매." 이 규정 위에서 법은 가족 내에서 또는 가족 사이에서 발생하는 문제들을 해결한다. 더구나 입양은 생물학적으로 관계가 없는 자를 가족 구성원으로 인정하는 문제이기 때문에 그 과정이나 추후 발생할 수 있는 다양한 상황을 가정할 필요가 있다. 그렇기에 민법은 새로운 친족, 가족 구성원을 들이는 이 입양이란 행위의 요건과 절차, 효력, 그리고 입양을 취소하는 파양 등을 자세히 규정한다.

가족사의 복잡성은 조선시대에도 다를 것이 없었다. 아들을 입양하는 문제는 중요할 뿐 아니라 다양한 문제를 야기할 수 있었기에 법으로 규정할 필요가 있었다. 조선이 건국되고 안정을 찾아가자 조정에서는 유교적 가족 의례가 자리 잡을 수 있도록 관련 규정을 마련하기 시작하였다. 조정에서는 양자를 입양하는 문제를 특히 가계의 후계자를 정하여 제사를 지내도록 하는 가계 계승의 관점에서 접근하였다.

1437년(세종 19) 6월 3일 실록의 기사는 재상들이 중심이 된 의정부에서 입양 규정을 정하기 위해 세종에게 건의하는 모습을 보여 준다. 조금 길지만, 앞으로 입양과 양자 문제에 대한 가장 기초적인 이해와 정보를 제공하므로 인용하도록 하겠다.

"이제부터는 옛 제도에 의하여 대부와 선비의 집에서

후사가 없거든 동종同宗의 적자 외에 지자支子를 세워서 후사로 삼되, 지자 중에서 세우고자 하는 바에 따르기를 허락하고, 또 여러 족손族孫 중에서 골라서 세우는 것도 가하며, 남의 양자가 된 자는 모름지기 두 집의 아버지가 모두 같이 명한 뒤에야 양자로 나갈 수 있게 하소서. 비록 아버지가 없을지라도 만약 그 어머니가 원하면 허락하되, 나라에 고하여 세우고, 공덕功德이 있는 사람과 대신 및 종실의 어진 이의 뒤를 특명으로 후사를 세우게 하는 것은, 만일 두 집 모두 일을 주도할 자가 없으면 이 예에 두지 말며, 무릇 뒤를 세운 자는 일체 집일에 친아들처럼 여기고 양자가 된 자도 친아버지처럼 여기며, 양가 부모 및 그 생가 부모를 위하는 상제喪制는 일체 옛 법에 따르고, 그 형제 및 존속尊屬은 후사자後嗣者가 되지 못하며, 이성異姓은 비록 아들로 삼았을지라도 사당을 세우지 못하고, 그 낳은 부모와 본종本宗에 대한 상복(服)은 모두 낮추지 아니하여, 이로써 영구한 제도를 정함이 어떠하오리까."

—『세종실록』, 세종 19년 6월 3일

이러한 논의에 기초하여 여러 차례의 수정을 거친 후 1485년

(성종 16) 완성된 『경국대전』의 「예전·입후立後」 조는 입양의 요건을 규정했다. 만약 본처나 첩에게서 아들을 얻지 못했을 경우, 관에 알린 다음 동종의 지자를 세워 뒤를 잇게 한다는 내용이었다. 『경국대전』은 이에 더해 두 집의 부친이 합의해서 아들을 세우되, 부친이 사망했으면 모친이 관에 알린다는 조항과, 존속이나, 형제, 손자는 아들로 삼지 못한다는 조항을 추가하였다.

　『경국대전』의 「입후」 조에서 말하는 동종이란 우선 성씨가 같은 사람을 의미한다. 하지만 성씨가 같다고 해서 모두 부계 친족은 아니다. 일례로 대한민국에서 가장 큰 성관 집단인 김해 김씨는 일반적으로 금관가야의 시조인 김수로로부터 유래했다고 알려져 있다. 그러나 김해 김씨 가운데서도 사성賜姓 김해 김씨의 경우, 임진왜란 당시 왜군으로 참전하였다가 조선에 투항한 사야가라는 인물이 훗날 공을 세우고 선조로부터 김충선金忠善이란 이름과 함께 김해 김씨라는 성관을 내려받으면서 시작되었다. 김해 김씨도 다 같은 핏줄이 아닌 것이다. 또 다른 예로, 연안 이씨는 당나라의 장수 이무李茂로부터 유래했다고 전해지지만, 그 후손들이라 주장하는 지파들 사이에 실제로 어떤 혈연적 관계가 있는지는 확인되지 않는다. 반대로 혈연관계가 있다고 하면서도 성씨를 다르게 사용하는 경우도 있다. 문화 류씨와 연안 차씨의 경우가 대표적이다.[9] 따라서 『경국대전』에서

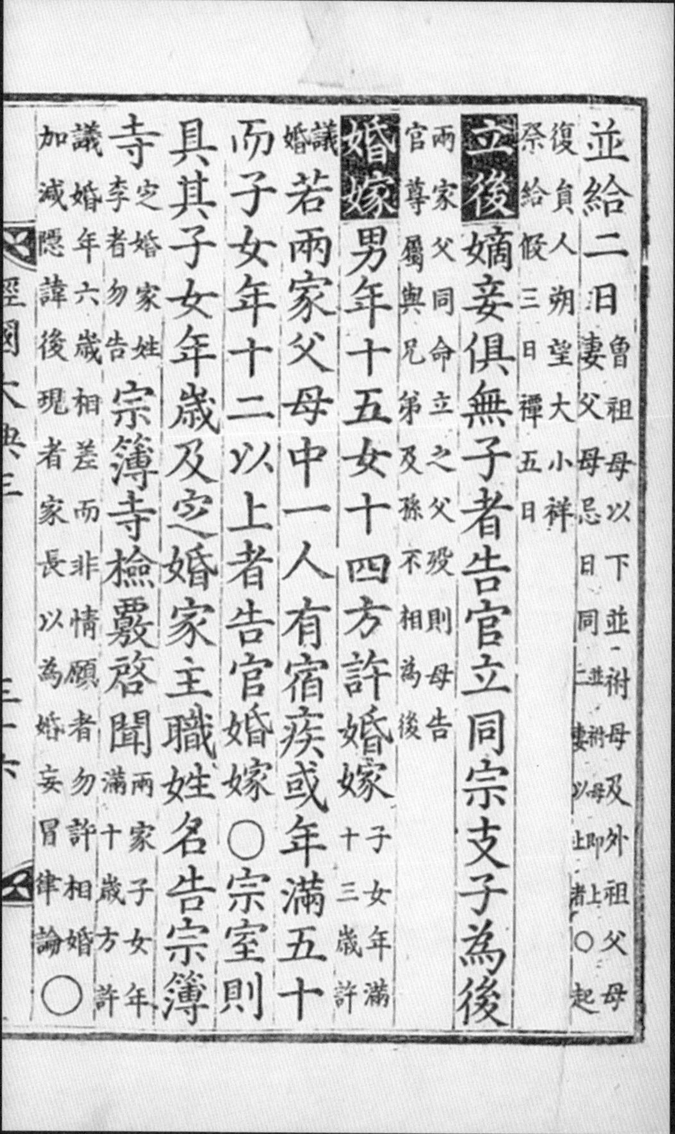

並給二日

曾祖父母以下並一
祔祖母及外祖父母
妻父母忌日同上即書○起

復貞人朔望大小祥祭給假三日禫五日

立後嫡妾俱無子者告官立同宗支子為後
兩家父同命立之父歿則母告
官尊屬與兄弟及孫不㼒相為後

婚嫁 男年十五女年十四方許婚嫁 子女年滿十三歲許

若兩家父母中一人有宿疾或年滿五十
而子女年十二以上者告官婚嫁○宗室則
具其子女年歲及〈定〉婚家主職姓名告宗簿
寺〈李〉婚家姓宗簿寺檢覈啟聞兩家子女年滿十歲方許
議婚者勿告相差而非情願者勿許相婚○
加減婚年六歲後現者家長以為婚妾冒律論婚○

經國大典 三　十六

그림 4 『경국대전』(奎1298) 「예전·입후」, 서울대학교 규장각한국학연구원 소장

말하는 동종은 단순히 성씨가 같은 사람보다는 혈연관계가 있는 부계 친족을 의미한다고 이해하는 것이 더 정확하다.

고려 말 조선 초까지도 성씨가 같지 않은 사람, 부계 친족이 아닌 사람을 양자로 들이는 사례가 있었다.[10] 고려 말 권재權載라는 인물은 고려 충선왕의 양자가 되었는데, 양자가 된 권재는 당연히 충선왕과 같은 '왕王'을 성씨로 공유해야 했기에 이름을 왕후王煦로 바꾸었다고 한다. 역시 고려시대 정치가였던 정안鄭룡은 당시 권력을 잡고 있던 최우崔瑀(또는 최이)의 총애를 받았는데, 은퇴한 이후에도 총애를 잃지 않기 위해 최우의 외손자를 자신의 양자로 삼았다는 이야기가 『고려사』 「열전」에 실렸다. 부계 친족 중심으로 가족 관계가 규정된 조선 후기와는 달리 고려 말까지는 가족 관계가 상대적으로 유연했던 것으로 보인다. 양자 선택도 혈연관계를 넘어서는 범위에서 결정될 수 있었던 것이다.

타인을 양자로 삼곤 했던 고려 관습의 흔적은 조선시대 법전에도 남아 있다. 조선 초에 편찬된 『경국대전』을 해석한 『경국대전주해經國大典註解』에는 "타인의 자녀를 거두어 길러 자녀로 삼는 것을 시양侍養이라고 하는데, 3세 전에 거두어 기르면 곧 자녀와 같으며, 이를 수양收養이라고 한다"라는 규정이 있다. 여기서 말하는 시양과 수양은 모두 그 입양 대상에 제한이 없었다. 이는 조선 후기보다는 고려시대의 관습과 유사하다. 이 규정을 분석한 연구에 따르면, 3세 이전에 데려오면 자녀와 같다는 표현은 점차 위협받기 시작한 타성 입양 자녀들의 위상을 지켜 주려는 의도로 사용되었다고 한다.[11] 실제로 고려시대나 조선 건국 직후까지만 하더라도 성씨가 다르더라도 데려와 양육한 정이 있다면 마치 친자녀처럼 양부의 재산을 분배받을 수 있었다. 그러나 시간이 갈수록 성씨가 다른 입양 자녀들의 가족 내에서의 위상이나, 법적 위상이 하락하였고 그 결과 재산 분배에서 소외되는 상황이 발생하자 위와 같은 규정이 생겨난 것이다. 여기서 우리가 주목할 지점은 비록 그 위상이 하락하고는 있었지만, 조선 전기까지도 성이 다른 영유아를 양육하고 그를 자신의 자녀처럼 여기며 재산까지 분배하는 관습이 남아 있었다는 점이다.

항렬도 따져야 했다

『경국대전』은 앞에서 살펴본 세종 19년에 논의된 내용에 다음과 같은 조항을 더하였다. "존속이나, 형제, 손자는 아들로 삼지 못한다." 이는 "동종의 지자"라는 요건만으로는 입양으로 인해 발생하는 혼란을 막을 수 없다고 판단했기 때문이다. 구체적으로 어떠한 혼란이 발생하게 되었는지 1484년(성종 15) 5월 26일, 예조禮曹와 대신들의 논의를 살펴보자.

당시 입양 문제를 담당하던 관서인 예조는 김효지金孝之가 김효로金孝盧를 양자로 입양하는 문제에 대해서 성종에게 이의를 제기했다. 양부인 김효지에게 김효로는 사촌손四寸孫의 관계였다. 사촌손이란 사촌이 되는 관계에 있으면서 손자 항렬에 해당하는 사람을 가리키는 말로, 김효로는 김효지에게 아우의 손자였다. 즉 김효지는 아들이 없어 양자가 필요했는데, 동생의 손자 김효로를 아들로 들인 것이었다. 동생의 손자였으니 '동종'이라는 기준에는 전혀 문제가 될 것이 없었고, 정확한 가족 관계는 확인되지 않으나 예조에까지 신청이 올라온 것을 보면 아마도 '지자'라는 요건도 갖추었으리라 생각된다. 그렇다면 어떤 부분에서 예조와 대신들의 고민이 발생한 것일까.

문제의 핵심은 양자 김효로가 양부 김효지에게는 손자 항렬인데도 불구하고 아들로 입양되었다는 데 있었다. 조금 더 전문적인 용어를 사용하면, 이 입양은 소목昭穆에 어긋난 입양이었다는 것이 문제였다. 소목이란 제사를 위해 모셔 놓은 신주의 위치, 즉 신주 간의 서열을 뜻한다. 양자는 상식적으로 아들 세대, 아들 항렬에서 데려와야 하지만, 김효지는 이를 어기고 그

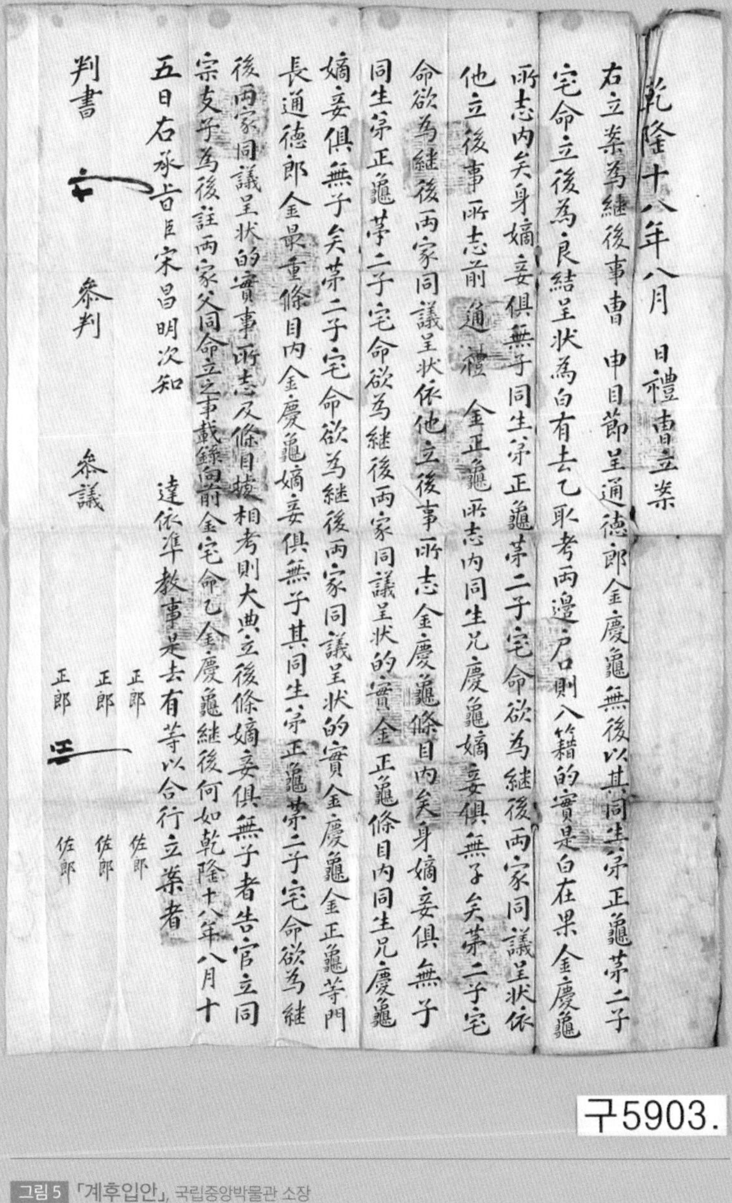

乾隆十八年八月　日禮曹立案

右立案爲繼後事曺申目節呈通德郎金慶龜無後以其同生宗正龜第二子

宅命立後爲·良結呈狀爲白有去乙取考兩邊·戶口則入籍的實是白在果金慶龜

所志內矢身嫡妾俱無子同生宗正龜第二子宅命欲爲繼後兩家同議呈狀依

他立後事所志前　通禮　金正龜矢志內同生慶龜嫡妾俱無子矢第二子宅

同生宗正龜第二子宅命欲爲繼後兩家同議呈狀的實　金正龜條目內同生兄·慶龜

命欲爲繼後事所志金慶龜條目內矢身嫡妾俱無子矢第二子宅命欲爲繼

嫡妾俱無子矢第二子宅命欲爲繼後兩家同議呈狀他立後事所志同生·宗正龜第二子宅命欲爲繼

長道德郎金最重條目內金慶龜嫡妾俱無子其同生·宗正龜第二子宅命欲爲繼

後兩家同議呈狀的實事所志及條目接相考則大典·立後條嫡妾俱無子者告官立同

宗支矣爲後註兩家父同命立之事載錄原前金宅命乙金慶龜繼後何如乾隆十八年八月十

五日右承旨臣宋昌明次知　達依准教事是去有等以合行立案者

判書　（手決）

參判

參議

　　　　　　　　　正郎

　　　　　正郎　　佐郎

　　正郎　　佐郎

正郎　佐郎　（手決）

그림 5 「계후입안」, 국립중앙박물관 소장

구5903.

아래 세대인 손자 항렬에서 양자를 데려온 것이다.

사실 '동종의 지자'라는 규정만으로는 이러한 문제를 막을 수 없었다. 이 입양을 금지해 달라는 당시 예조의 건의 내용을 보면 김효지 이전에는 이렇게 항렬을 지키지 않고 양자를 세우는 사례가 많았던 것으로 보인다. "이보다 앞서서는 그렇게 가계를 계승한 자가 많으니, 일일이 고치기는 곤란합니다. 청컨대 이제 입법한 후부터 한결같이 모두 금지하고, 또 『경국대전』에 첨부하여 기록하게 하소서." 즉, 당시 대신들은 자신이 알고 있는 항렬에 어긋나는 입양 사례들을 언급하며 이전에 이미 입양된 자들을 되돌 수는 없으니 이제부터라도 법을 고쳐 금지해야 한다고 주장했다.

그 과정에서 진안대군(태조 이성계의 장남)의 차남 이원근李德根, 태종 이방원의 넷째 아들인 성녕대군의 손자 이해李偕, 세종의 다섯째 아들 광평대군 등이 잘못된 입양 사례로 언급되었다. 세종 역시 아들 광평대군을 왕자의 난에서 사망한 태조의 7남 이방번에게 입양시켜 제사를 받들고 가계를 잇게 한 적이 있었다. 그런데 무안대군은 태종의 배다른 동생으로 세종에게는 숙부였고, 광평대군에게는 작은할아버지(從祖父)였다. 따라서 이 입양 역시 광평대군을 할아버지뻘인 무안대군의 양자가 되게 하는 것으로 항렬을 어긴 모양새였다.[12] 하지만 잘못된 입양을 뒤늦

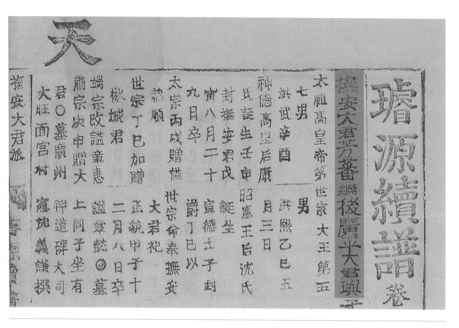

무안대군의 후사가 된 광평대군, 『선원속보-태조고황제대왕자손록(무안대군파)璿源續譜-太祖高皇帝大王子孫錄(撫安大君派)』(K2-1148), 한국학중앙연구원 장서각 소장

게 바로잡는다면 그 과정에서 더 많은 혼란이 생길 수 있다고 판단했기에 대신들은 기존의 입양 사례는 인정하자고 한 것이다.

『고려사』에 따르면 고려 문종文宗 22년(1068), "백부와 숙부 및 손자의 항렬을 양자로 삼는 것은 금한다"라는 규정이 만들어졌다. 이미 11세기 말부터 이런 규제가 있었지만, 무려 300년이 지난 시점에도 소목과 항렬의 질서를 벗어난 입양이 왕실 가족 내에서 존재했던 것이다. 세종 19년까지는 '동종의 지자'라는 규정만 존재했으므로 동성同姓의 친족 중 장남만 아니라면 입양에 별문제가 없었다. 그러나 항렬을 지키지 않는, 즉 유교적 원칙인 소목에 맞지 않는 입양의 사례들이 많아지자 이에 대한 문제의식이 자라났다. 그리고 성종 15년, 예조와 대신들의 논의는 이렇게 소목에 어긋나는 입양을 법으로 금지해야 한다는 주장으로 이어졌다. 그 결과 『경국대전』에는 입양 규정에 "존속이나, 형제, 손자는 아들로 삼지 못한다"라는 내용이 추가되었다. 여기서 존속은 자신보다 윗세대를, 형제는 자신과 같은 세대를 말하며, 손자 역시 아들 세대를 건너뛴 세대였으므로 소목의 질서에 적합한 입양의 대상은 아니었다.

입양은 어떤 절차를 거쳤나

입양은 인간 사회의 가장 기초적인 관계인 부자 관계를 새로 설정하는 중요한 행위이다. 유교의 나라 조선에서도 부모를 바꾸는 문제는 국왕의 허가가 필요할 정도로 중요한 문제였다. 따라서 양자를 입양하려는 가족은 예조에 신청하여 국왕의 허락을 받는 과정을 거쳐야 했다. 1476년(성종 7) 실록에는 이 절차에 대해서 "입후立後하는 것은 반드시 두 집의 정원情願을 들어서 실상을 살펴보고 계문啓聞하여 정해야" 한다는 이야기가 나온다. 그렇다면 조정에서는 무엇을 살펴보고 입양을 허가하였을까.[13]

『경국대전』의 「입후」 조를 다시 한번 살펴보면, 입양을 진행하기 위한 조건으로 "본처나 첩 모두 아들이 없으면"이라는 조건이 붙어 있음을 알 수 있다. 정식으로 혼인한 적처嫡妻는 물론, 법적 혼인 관계가 아닌 첩에게서도 아들을 얻지 못한 경우에만 양자 입양 절차를 시작할 수 있었던 것이다. 이 규정에 따르면 적자가 없더라도 서자가 있다면 양자를 입양할 수 없었다. 하지만 이미 앞에서도 살펴보았듯이 이 조항은 지켜지기 어려웠다. 양반들이 서자에게 가계를 계승시킬 경우, 과거 급제자와 관직자가 배출되지 않아 가계의 위상이 하락하는 문제가 생겼기 때문이다. 앞에서 살펴본 이이와 김집의 사례, 즉 적자가 없어 서자에게 가계를 잇게 했으나 더 이상 관료 배출이 어려워진 사례는 적법한 가계 계승이었지만, 오히려 드문 사례였다. 어쨌든, 지금 여기서 중요한 문제는 입양을 원하는 가족은 자신들에게 적자는 물론 서자가 없는지를 확인받아야 했다는 점이다.

적자와 서자가 없는 가족은 입양하고자 하는 자의 친부모, 즉 생가와 합의하여 관官에 신고하고 입양 허락을 받아야 했다. 앞의 규정에서 '두 집의 사정과 청원을 듣는다'라는 표현은 이를 말한다. 입양은 아들을 주고받는 문제였기 때문에, 양쪽 가족 모두의 합의하에 진행될 필요가 있었다. 조선 정부는 원칙적으로 한쪽의 의사를 확인할 수 없는 경우에는 입양을 허락하지 않았다. 그러나 사정에 따라서는 양가와 생가 부모의 일부만 생존하거나, 심지어 양가와 생가 부모 모두가 사망한 상태에서 진행되어야 하는 입양도 있었다. 특히 양쪽 부모가 모두 사망한 경우에 진행되는 입양은 조심스러울 수밖에 없었다. 이런 상황에서는 양부 또는 양모의 가까운 친족이 사망한 양부모를 대신하여 신고를 올리곤 했다. 원칙적으로는 입양 청원 자체가 어려웠지만, 다양한 가족의 여러 예외적인 상황에 대한 이해와 허가가 축적되어 갔다.

입양을 신청하는 절차는 다음과 같았다. 처와 첩에게서 낳은 아들이 없어 입양이 필요한 가족은 이를 담당하는 부서인 예조에 입양을 청원해야 했다. 청원이 들어오면 해당 가족이 거주하는 지역의 관아에서는 청원 대상자에게 실제로 아들이 없는지를 확인하여 보고하였다. 추가로 조사해야 하는 부분도 있었는데, 양부모와 생부모가 생존하며 해당 입양에 동의하였는지도 확인해야 했다. 또 입양 대상자가 동종에 속하는 자가 맞는지, 장남이 아닌 지자가 맞는지, 아들 항렬에 속하는지 등의 조건도 따질 필요가 있었다. 조사 결과 해당 입양 청원이 『경국대전』「입후」 조의 규정에 어긋나지 않는 것이 확인되면 예조는 이 입양을 허락해 달라는 요청을 국왕에게 올렸다. 마지막으로 국왕이 이를 허가하면 청원자에게 일종의 증명서인 입안立案을 발급하여 입양 절차를 완료하였다.

현재 규장각에는 이렇게 국왕의 윤허를 받은 입양의 기록을 모은 『계후등록繼後謄錄』이 남아 있다.[14] 이 자료에는 1618년(광해 10)부터 1862년(철종 13)까지 예조를 통해 국왕에게 허락을 받아 다시 예조로부터 증명서를 발급받은 약 1만 5천 건의 입양 사례에 대한 정보가 실려 있다. 이와 관련하여 『별계후등록別繼後謄錄』이란 자료 역시 당시 입양의 상황을 잘 전해 준다. 『별계후등록』은 1637년(인조 15)부터 1753년(영조 29) 사이에 신청된 약 1,450건의 입양 정보를 담고 있다. 이 책의 표지에는 '법외계후등록法外繼後謄錄'이라 적혀 있는데, 이는 책에 기록된 입양 사례들의 성격을 짐작할 수 있게 해 준다. 『별계후등록』은 법을 어긴, 즉 『경국대전』에서 정한 입양의 요건을 갖추지 못한 입양 신청과 허가를 기록한 것이다. 구체적으로는 입양하려는 양자의 친부모가 사망하였을 경우, 타인의 독자를 입양하고자 하는 경우 등이었다. 이러한 자료들의 존재는 유교의 나라 조선에서 부모를 바꾸는 입양이 국왕의 허락을 받아야 할 정도의 문제였음을 보여 준다.

3

잘 데려오고
잘 보내야 한다

양자가 몰고 올 수 있는 재앙

양자 선택은 가족의 미래, 더 나아가 가문의 미래를 좌우하는 일이었다. 가족 내에 계승자가 없는 경우에나 양자를 데려왔으니, 가족의 미래는 오로지 새로 들어온 양자에 의해 결정되었다. 가계를 이을 아들이 없어 양자를 들였는데, 만약 양자도 다음 세대를 이어 갈 후사를 낳지 못한다면, 입양을 한 가족으로서는 큰 낭패였다.

일반적으로 조선시대 양반들은 4대조, 즉 고조부까지 제사하는 것이 원칙이었다. 고조부의 제사를 맡을 자손이 없는 경우, 고조부의 위패는 가묘에서 나와 땅에 묻히게 되며 이를 조매桃埋라 한다. 하지만 옮겨질 위패의 주인공이 뛰어난 학자거나, 공신이거나, 왕자나 공주인 경우는 국가에서 4대가 넘어서도 땅에 묻지 않고 영원히 제사를 지낼 수 있도록 허락하기도 했다. 이러한 위패를 불천위不遷位라 하며, 이 불천위가 있는 가묘를 부조묘不祧廟, 그리고 불천위 제사를 맡은 봉사손奉祀孫이 종손宗孫이라 불렸다. 국가에서 인정한 불천위가 있는 가문은 드물었기에 그 위세가 대단했으며, 이 제사를 주관하는 종손의 역할도 매우 중요했다. 따라서 종가의 봉사손에게 문제가 생길 경우, 온 가문 전체의 걱정거리가 되곤 했다.

조광조趙光祖는 사림파의 중심인물로 중종반정 이후 개혁을 이끌다 기묘사화라는 사건을 만나 사사賜死되었다. 그러나 사림파가 조선의 정치와 사상을 주도하면서 그의 학문과 이념은 이후 조선 정치와 사회에 큰 영향을 끼쳤다. 결국, 조광조는 1610년(광해 2), 조선시대의 국립대학이자 공자를 비롯한 유교 성현들을 모시던 성균관의 대성전에 위패가 모셔지는 영광을 얻게 되었다. 국가에서 인정한 불천위가 된 것이다. 이후 조정은 조광조의 제사가 안정적으로 잘 지내지도록 그 봉사손들에게 관직을 내리고 봉급을 주는 등 지원을 아끼지 않았다.

이 조광조의 후손 가운데 조문보趙文普라는 자가 있었다. 조광조 사후 약 200년이 지난 뒤 활약하던 그는 정치 문제에 적극적으로 참여하였다.[15] 그 결과 1726년(영조 2), 당시 조광조의 봉사손이었던 조문보는 임금의 비답을 위조한 사건에 연루되어 감옥에 갇히게 되었다. 영조는 그가 조광조의 후손, 특히 봉사손이라는 이유로 죄인들이 쓰는 칼을 쓰지 않게 배려하라는 명령을 내렸다. 하지만 2년 뒤, 영조의 정통성을 부정하며 일어난 이인좌의 난으로 조문보의 인생은 몰락하게 된다. 당시 조광조의 봉사손으로 특혜를 입어 보은현감 자리에 있었던 조문보는 자신을 따르는 무리를 이끌고 이인좌의 반란군에 합세하려 했던 것으로 보인다. 결국, 그는 장형杖刑으로 생을 마감하게 되었다.

문제는 조문보가 모시던 조광조의 제사와 위패였다. 봉사손이 역모 사건에 연루되어 변을 당하자 조광조의 위패는 갈 곳을 잃고 집안 노비의 집에 머물게 되었다. 조광조의 위패는 한동안 봉사손도 없이, 제사도 제대로 받지 못한 채 노비 집에 머무는 신세였다. 봉사손의 처형 10년 뒤인 1738년(영조 14)에서야 당시 우의정이었던 송인명이 조광조의 제사를 모실 봉사손이 없는 상태이므로 봉사손을 정해 달라고 영조에게 청원을 올렸다. 1745년(영조 21)에도 경기도 풍덕에 살던 유학 박유라는 자가 상소를 올려 존경스러운 조광조의 제사를 모실 봉사손을 세워 달라고 영조에게 간청하였다. 그러나 영조는 역모 사건에 연루되어 사형당한 옛 봉사손의 빈자리를 쉽게 채워 주지 않았다. 조문보가 처형당한 지 39년이 지난 1767년(영조 43)에서야 드디어 영조는 조광조의 봉사손을 정하도록 명하였고, 조광조의 위패는 드디어 노비의 집을 떠나게 되었다. 새로운 종손은 처형당한 조문보의 칠촌이었다. 그러나 다음 해에 조정에 올라온 보고에 따르면, 조광조의 봉사손 가문은 역모에 연루된 채 오랫동안 정부의 지원을 받지 못하여 몇 칸의 초가집도 살 수 없는 지경으로 전락했던 것으로 보인다. 조문보의 사례는 계승자, 특히 봉사손이 잘못될 경우 얼마나 큰 문제가 될 수 있는지를 잘 보여준다. 입양을 하더라도 봉사손으로 데려올 양자는 더 신중하게 결정해야 했다.

역모 같은 극단적인 사건이 아니더라도 양자의 성향에 따라 집안에 문제가 생길 수도 있었다. 이번에 살펴볼 사례는 19세기 조선에서 가장 유력한 가문이라 할 수 있는 신新안동 김씨 봉사손의 사례이다. 서울 경복궁 서편의 장동壯洞에 거주하여 일명 장동 김씨라고도 불린 이 가문은 조선 후기 충절과 척화를 대표하는 가문으로 명성을 떨쳤다. 이 가문이 본격적으로 중앙 정계에서 주목을 받기 시작한 것은 병자호란 당시 장동 김씨인 김상용金尙容이 강화도에서 순국한 것으로 알려지고, 그 동생 김상헌金尙憲이 척화파의 핵심 인물로 활동하면서부터였다. 이후 이 가문은 서인으로, 특히 노론의 핵심 세력으로 활동하면서 남인, 소론과의 투쟁에 앞장섰다. 그 결과 참혹한 피해를 당하기도 했는데 김수항金壽恒, 김창집金昌集, 김제겸金濟謙, 삼대가 당쟁으로 목숨을 잃은 것이다. 하지만 영조 대 이후 노론이 중앙 정치를 장악하면서 이들의 희생은 오히려 장동 김씨가 노론의 핵심 가문으로 그 위상을 공고히 하는 자양분이 되었다. 이후 정조가 김상헌의 7대손 김조순金祖淳의 딸을 세자(훗날의 순조)의 배필로 결정한 사건은 이들이 권력의 핵심부로 진출하는 결정적 계기가 되었다. 19세기 순조, 헌종, 철종, 세 국왕의 왕후를 연달아 배출하면서, 이들의 권력은 정점에 달하게 되었다. 19세기 세도정치의 주인공이 바로 이 장동 김씨였다.

김건순金建淳이라는 인물은 장동 김씨의 상징적 인물인 김상헌의 제사를 맡은 봉사손이었다. 당시 조선의 핵심 권력을 쥐고 있던 장동 김씨의 종손 역할을 맡았던 인물이었던 것이다. 김건순은 김이구金履九의 세 아들 가운데 둘째로 태어났다. 김이구는 영의정을 지낸 김수항의 현손으로, 사옹원첨정에 오른 인물이었고, 모친은 영의정을 지낸 유척기兪拓基의 손녀였다. 좋은 배경에서 출생한 김건순이었지만, 그는 어린 나이에 11촌 숙부인 김이탁金履鐸의 양자로 입양되면서 본격적으로 가문의 주목과 기대를 받게 되었다. 바로 그 자리가 김상헌의 제사를 모시는 종손 자리였기 때문이다.

사실 양부인 김이탁은 아들을 낳기 위해 부단히 노력했다. 그는 은진 송씨, 우봉 이씨, 그리고 마지막으로 자신보다 37세나 어린 전주 이씨와 무려 세 번 혼인하면서 아들을 기대했지만 겨우 딸 하나만 얻을 수 있었다. 자신의 힘으로는 이제 아들을 낳을 수 없겠다고 판단한 그는 입양을 결정하였고 김건순을 골랐다.

아쉽게도 김이탁이 왜 군이 11촌 관계인 김건순을 입양하였는지 설명해 주는 자료는 찾을 수 없다. 그러나 김건순의 짧은 삶에 대해 전해 주는 얼마 되지 않는 자료들은 그가 어려서부터 천재로 불릴 정도로 비상한 두뇌를 가지고 있었다고 전한다. 천재적인 재능을 가졌던 그는 일찍부터 성리학의 테두리를 훌쩍 넘어 노자와 장자의 사상에까지 관심을 가지게 되었다. 그리고 그의 호기심은 당시 조선 사상계의 큰 이슈였던 서학西學, 즉 서양에서 들어온 지식과 천주교로까지 확장되었다. 1797년(정조 21) 8월, 당시 22세였던 김건순은 과거시험 응시 차 여주에서 상경하여 당시 청나라에서 조선으로 파견되어 한양 성내에 숨어 있던 주문모周文謨 신부를 찾았다. 그리고 곧바로 영세를 받고 '요사팟'이란 세례명의 천주교 신자가 되었다.[16]

서양으로부터 건너온 학문에 대한 학문적 호기심에서 출발하여 자생적으로 싹을 틔운 조선의 천주교는 당시 세력을 확장하고 있었다. 심지어 유교를 신봉하던 양반층에서도 점차 신자들이 늘어났다. 하지만 조선 정부는 천주교를 금하고 있었다. 서학에 대한 정부의 탄압은 천주교회의 지도부가 조선의 관습인 조상에 대한 제사를 우상숭배로 규정하고 금지하면서 시작되었다. 유교가 국시國是인 조선에서 조상을 제사하지 않는 행위는 반국가·반헌법적 행위와 다름없었기 때문이다.

조정에서 천주교인을 탄압하기 시작한 것은 충청도 진산에서 발생한 한 사건 때문이었다. 진산의 양반이자 천주교인이었던 윤지충은 모친이 사망하였는데도 신주를 만들지 않고 제사를 지내지 않아 큰 논란을 불러일으켰다. 결국 당시 국왕이었던 정조는 윤지충과 그의 사촌 권상연을 처형하여 이 사건을 마무리하였는데, 이를 진산사건이라 한다. 이후 천주교는 탄압의 대상으로 낙인찍히게 되었다.

이런 상황에 종손 김건순이 천주교 신앙을 갖게 되자 장동 김씨 가문에서는 여러 방법으로 그가 신앙을 포기하도록 압박하였다. 하지만 그는 오히려 당시 자신이 살던 여주 지역 천주교회의 핵심 인물로 활동하기 시작하였다. 노론 핵심 가문의 종손이라는 막강한 배경과 뛰어난 두뇌는 천주교가 지역 내에서 확장되는 데 큰 역할을 하였다. 1800년(정조 24), 그는 대담하게도 여주 읍내에서 공개적으로 천주교 의례를 거행하였고, 그 결과 여주목사에게 체포되어 감옥에 갇히는 신세가 되었다. 그 와중에 정조가 사망한 이듬해인 1801년(순조 1), 신유박해라 불리는 천주교 박해가 시작되었고 그는 여주에서 참형을 당하였다. 당시 그의 나이는 26세에 불과했다.

당시 안동 김씨를 이끌고 있던 것은 국왕 순조의 장인이었던 김조순이었다. 정조가 사망한 뒤 영조의 계비 정순왕후의 수렴청정과 노론 벽파의 반동이 시작되었고, 김조순은 오히려 몸을 사려야 하는 상황이었다. 그럼에도 충신 김상헌의 봉사손인 김건순이 사약을 받는 것이 아니라, 참형을 당하였다는 점은 그가 자신의 양가와 가문으로부터 완전히 버림을 받은 것이라 이해할 수 있다. 김건순의 죽음 이후에 종가에서는 그를 파양하고, 대신 양부 김이탁의 11촌 조카 김면순金勉淳을 입양하여 제사를 잇게 하였다. 30년 뒤 안동 김씨에서 편찬한 족보에 김건순은 양부가 아니라 생부 아래에 신유박해 당시 사망하였다는 간단한 정보와 함께 기록되었다. 『순조실록』 역시 공개적으로 그의 삶을 비판하였다. 실록은 그를 충신(김상헌)의 자손에서 나온 패손悖孫, 즉 도리를 모르는 패역한 후손으로 규정하였다. 또 그가 유교 경전을 팽개치고 요망한 말을 익히고 이마를 어루만지며(성호를 긋는 행위를 말함) 그릇된 도에 빠져 결국 처형으로 생을 마감하였다며 매우 비판적인 평가를 내렸다.

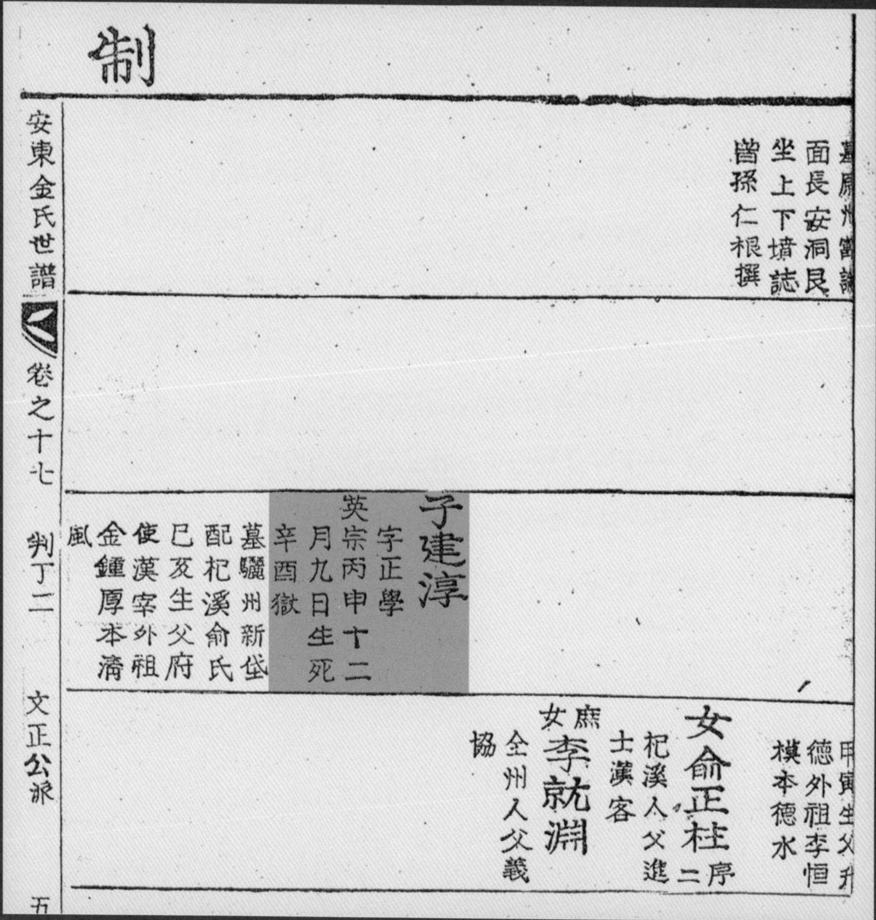

안東金氏世譜 卷之十七 判丁二 文正公派 五

基扇州嘗誌
面長安洞民
坐上下壙誌
曾孫仁根撰

子建淳
字正學
英宗丙申十二
月九日生死
辛酉獄
墓驪州新垈
配杞溪俞氏
巳亥生父府
使漢宰外祖
金鐘厚本濟
風

制

甲寅生父升
德外祖李恒
模本德水

女俞正柱
序二
杞溪人父進
士漢客

庶
女李就淵
全州人父義
協

그림 7 파양당해 생가에 기록된 김건순, 『안동김씨세보』(1833, K2-1764), 한국학중앙연구원 장서각 소장

김건순의 죽음으로 천주교인이 아니었던 생가 가족들도 상당한 피해를 입었다. 충신 김상헌의 후손이자 영의정의 외증손이라는 배경에도 불구하고, 김건순의 친형 김직순은 안동 김씨와 김조순이 노론 벽파를 몰아내고 다시 권력을 획득한 1805년(순조 5) 이후에도 한동안 관직에 나아가지 못했다. 대사헌 이직보가 김직순은 높은 학문과 대단한 배경을 가진 인물임에도 천주교인이었던 동생 때문에 오랫동안 조정에 나오지 못했다며 순조에게 그를 추천한 1808년(순조 8)에서야 그는 비로소 관직에 나아갈 수 있었다. 만약 김건순이 김상헌의 봉사손이라는 주목받는 자리로 입양 가지 않았더라면, 그렇게 처형당하지는 않았을 수 있다. 당시 천주교에 관심을 가졌던 여러 양반 자제는 잠깐 나쁜 유행에 빠졌다는 일탈의 수준에서 처벌을 받기도 했기 때문이다.

잘 골라 가야 한다

유럽에서는 귀족의 아들로 태어나더라도 일반적으로 장남만 아버지의 작위를 그대로 물려받기 때문에 나머지 아들들은 스스로 살길을 찾아야 했다. 이들은 성공을 위해 용병이 되거나, 바다를 건너 식민지를 개척하기도 하고, 성직자가 되어 이름을 남기기도 했다. 일본 에도시대에도 비슷한 상황이 벌어졌다. 부친의 신분과 영지, 봉급을 이어받을 수 있는 것은 아들 가운데 단 한 명이었기에, 계승자로 선택받지 못한 아들은 자신의 살길을 스스로 찾아야 했다. 하지만 당시 일본에서는 양부와 피가 섞이지 않거나 심지어 성姓이 같지 않아도 능력만 있다면 누군가의 후계자로 입양될 수 있었다. 이처럼 양자 개인의 성공이라는 측면에서 입양은 얼마든지 좋은 선택일 수도 있었다.

조선에서도 입양은 양자에게 기회일 수 있었다. 생가보다 사회적으로나 경제적으로 더 나은 집에 양자로 들어가는 것을 마다할 자는 없었다. 하지만 아들을 다른 집으로 보내는 생가에서는 결정에 조심스러울 수밖에 없었다. 입양을 보내는 측에서는 양가의 사회적, 경제적 상황은 물론, 위험도 고려해야 했기 때문이다. 연좌제가 적용되던 조선시대에는 혹시라도 아들이 입양 간 집에 정치적인 문제가 생길 경우, 입양 보낸 아들의 미래는 물론 생가도 한순간에 몰락할 수 있었다.

조선의 제20대 국왕 경종은 왕위에 오른 지 4년 만에 31세의 나이로 사망하였다. 첫 왕후인 단의왕후나 두 번째 왕후인 선의왕후도 후사를 낳지 못하였고, 여러 우여곡절 끝에 왕세제로 책봉된 배다른 동생 연잉군이 국왕으로 즉위하여 훗날 영조로 불리게 되었다. 하지만 너무 이른 경종의 죽음과 석연치 않은 영조의 즉위를 둘러싼 의구심들은 흉흉한 소문들을 만들어 냈다. 그 결과 새 임금이 즉위한 지 4년 만에 한반도 남부를 휩쓴 대규모 반란이 발생하였다. 바로 무신란, 또는 이인좌의 난이라 불리는 사건이다.

이 반란을 주도한 우두머리 중 한 명은 경종의 첫 번째 왕비 단의왕후 심씨의 남동생 심유현이었다. 경종의 처남 심유현은 경종의 마지막까지도 그 옆을 지켰다고 알려진 인물이다. 그는 영조가 즉위한 뒤에도 왕실의 인척으로 대우를 받았지만, 그가 이인좌와 함께 반란을 주도하고 유언비어를 퍼뜨린 것을 보면, 그는 끝내 경종의 죽음이 영조에게 책임이 있다고 생각했던 모양이다. 반란이 실패하자 그 역시 체포되어 이인좌와 함께 능지처참이라는 끔찍한 형벌을 받았다. 원칙대로라면 반역자의 가족들은 연좌제에 따라 처형되거나 노비가 되어야 했지만, 영조는 그가 선왕의 인척이라는 점을 고려하여 그 가족에게 연좌를 적용하지 않았다.

하지만 사건의 여파가 간단히 끝나지는 않았다. 심유현에게는 아들이 없어 일찌감치 양자를 정해 둔 상태였는데, 다행히도 이 양자는 사건 당시 13세에 불과하였기에 법적으로도 처형을 면할 수 있었다. 하지만 양부의 역모 사건으로 창창한 앞길이

막혀 버린 양자, 심필은 막막한 심정이었을 것이다. 더구나 그의 생부는 심수현으로, 당시 우의정 자리에 있었던 실력자였기에 그 아쉬움은 더했을지 모른다. 반역자의 양자로 묻혔던 그의 이름이 다시 임금의 귀에 들리게 된 것은 양부 심유현이 처형당하고 21년이 지난 뒤였다. 심필이 반역자의 양자라는 심각한 약점을 안고도 치열한 경쟁을 뚫고 과거에 합격한 것이다. 하지만 사간원과 홍문관 등에서는 역적의 양자가 감히 시험을 보았을 뿐 아니라 합격까지 한 것을 문제 삼았다. 그의 생부 심수현은 이미 사망하였기에 조정에 그를 변호해 줄 사람은 없었다. 그나마 관료들 사이에서 그를 옹호하려던 친형 심악도 관직을 삭탈당하는 처벌을 받았다. 결국, 그의 이름은 합격자 명부에서 지워지고 말았다. 입양 자리를 한번 잘못 선택하는 바람에 양자가 된 심필과 그를 양자로 보낸 심수현 가족은 큰 상처를 입은 것이다.

잘못된 입양이 가져오는 피해의 또 다른 사례로 김옥균의 경우를 들 수 있다. 19세기 말 개화파의 핵심 인물이자 갑신정변의 주역으로 알려진 김옥균 역시 양자였다. 그는 충청도 공주에서 김병태의 장남으로 태어났다. 세도가문 안동 김씨 가문의 일원이었지만 핵심 가계에서 벗어나 있던 그의 선조들은 한동안 벼슬을 하지 못한 채 조용히 살고 있었다. 그런 그에게 입

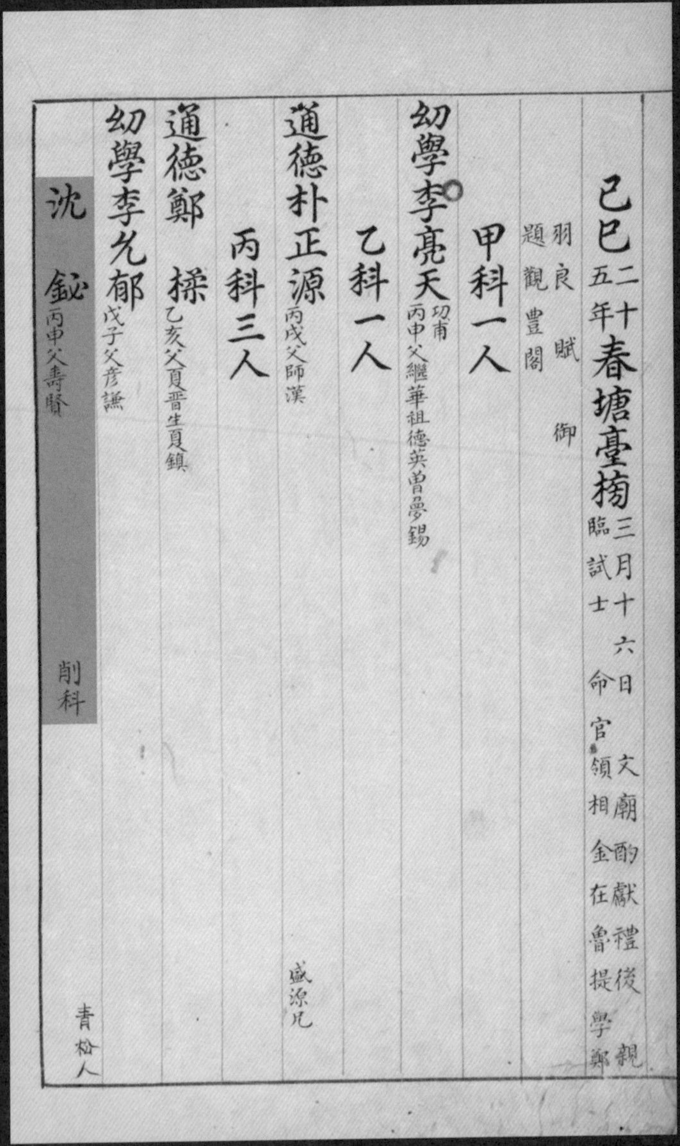

己巳二十五年春塘臺揭 三月十六日文廟酌獻禮後親臨試士 命官領相金在魯提學鄭

羽良賦御
題觀豐閣

甲科一人

幼學李亮天 切甫 丙申父繼華祖德英曾夢錫

乙科一人

道德朴正源 丙戌父師漢

丙科三人

道德鄭 探 乙亥父夏晋生貢鎮　盛源兄

幼學李允郁 戊子父彦謠

沈 鈗 丙申父壽賢　削科　青松人

그림8 방목 속 삭제된 심필의 정보, 『국조방목國朝榜目』(奎貴11655), 서울대학교 규장각한국학연구원 소장

양이라는 기회가 찾아왔다. 그는 7세의 나이에 친척 김병기에게 입양되었다. 김병기와 그의 가족들은 김옥균의 생가와 달리 관직에 진출해 있었다. 양부 김병기는 훗날 참의를 지냈고, 양조부 김교근은 광주목사, 그리고 양모인 풍양 조씨는 일명 조대비로 알려진 신정왕후의 사촌 자매였다. 양자가 된 김옥균은 고향을 떠나 한양에 머물게 되었고, 그곳에서 인생을 바꾸어 놓을 개화사상을 접하게 되었다. 뛰어났던 그는 1872년(고종 9), 불과 22세의 나이로 문과에 장원으로 급제하면서 당당히 정계에 진출하였다.

하지만 김옥균의 뛰어난 능력과 개화사상은 잘 알려진 대로 불행한 결말로 이어졌다. 그가 주도했던 갑신정변이 불과 3일 만에 끝나 버렸기 때문이다. 정변이 실패했지만 김옥균은 일본으로 망명하여 목숨을 건질 수 있었다. 그러나 조선에 남은 가족들은 반역으로 규정된 갑신정변 실패의 여파를 그대로 받게 되었다. 양부 김병기는 삭탈관직을 당하고도 목숨을 부지하기 위해 김옥균과의 양자 관계를 끊는 파양을 진행하였다. 목숨은 건졌지만, 정변 2년 뒤에는 임금의 명으로 통정대부라는 품계까지 빼앗겼다. 그러나 양부 김병기의 불행은 생가의 아픔에 비할 바가 아니었다. 정변 직후 김옥균의 생부 김병태는 73세의 나이로 천안의 옥에 갇혔다가 교수형을 당했다. 화가 미칠 것을

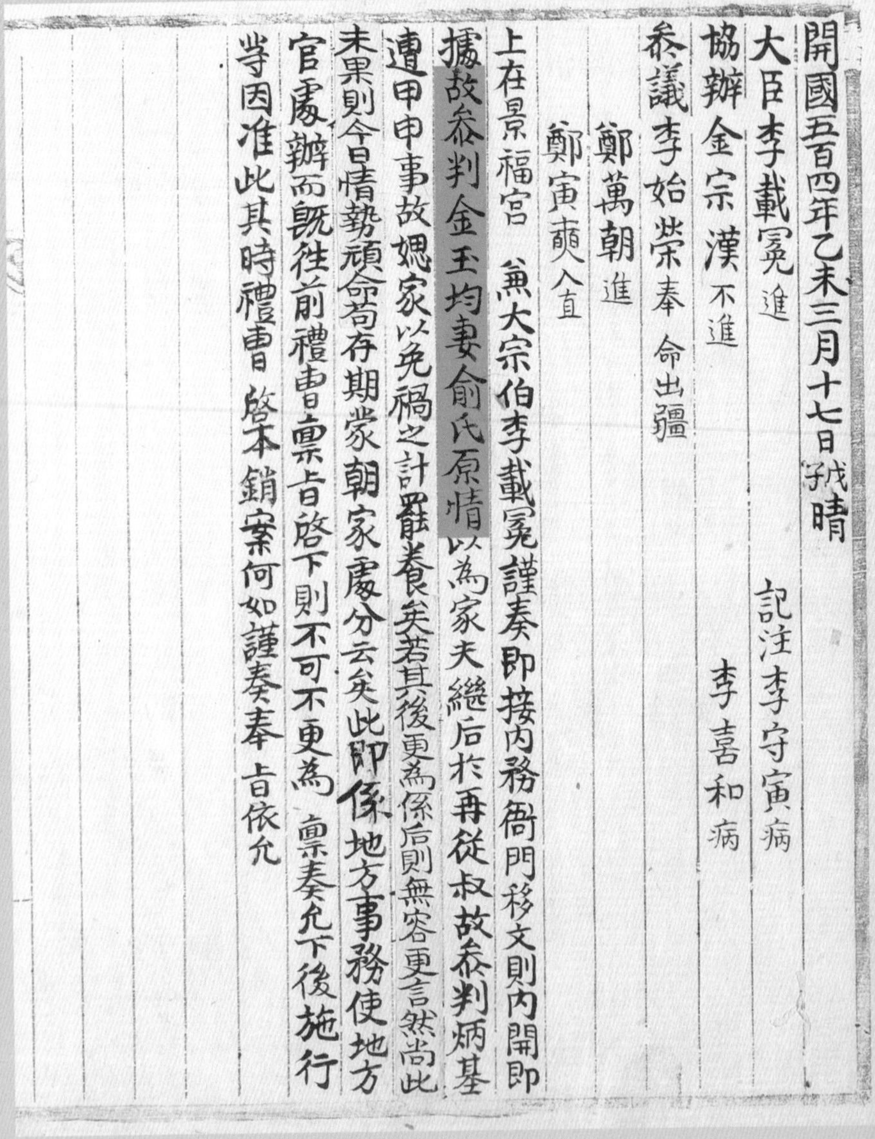

大臣李載冕[冕] 進

協辦金宗漢 不進

僉議李始榮 奉 命出疆

鄭萬朝 進

鄭寅顥入直

上在景福宮　魚大宗伯李載冕謹奏即接內務衙門移文則內開即

據故叅判金玉均妻俞氏原情以爲家夫繼后於再從叔故叅判炳基

遭甲申事故媤家以免禍之計龍養矣若其後更爲係后則無容更言然尚此

未果則今日情勢頑命苟存期柴朝家慶分云矣此即係地方事務使地方

官處辨而旣往前禮曺稟旨啓下則不可不更爲　稟奏允下後施行

等因准此其時禮曺　啓本銷案何如謹奏奉　旨依允

記注李守寅病

李喜和病

開國五百四年乙未三月十七日 戊子晴

그림 9　파양된 김옥균 가족의 상황을 전하고 있는 김옥균의 처 유 씨, 『승정원일기』 3056책(탈초본 139책), 고종 32년 3월 17일 무자, 서울대학교 규장각한국학연구원 소장

두려워한 김옥균의 친모와 여동생은 옥에 갇히기 전 독을 마시고 생을 마감하였다고 전해진다.

현재 안동 김씨 족보에는 김옥균이 양부 김병기의 아들로 기록되어 있다. 김병기는 김옥균을 파양하고 살길을 찾았지만, 아들이 없었으므로 다시 양자를 찾아야 했다. 하지만 한때 역적의 부친이었던 그의 아들로 들어오고자 하는 후보자를 찾기는 쉽지 않았다. 훗날 김옥균이 상하이에서 자객에게 살해당한 뒤, 그의 아내 유 씨가 올린 청원을 보면 그때까지도 김병기 가족은 새로운 양자를 구하지 못한 듯싶다. 결국, 부인 유 씨의 청원으로 김옥균의 파양은 다시 취소되었고, 김옥균과 그의 부인 유 씨는 양부 김병기의 가계에 남게 되었다. 김옥균의 사례는 입양이 개인에게는 성공의 기회가 될 수 있다는 점은 물론, 양자의 잘못으로 양가는 물론 생가까지도 큰 피해를 입을 수 있다는 사실을 잘 보여 준다. 아들을 주고받는 행위에는 적지 않은 위험이 따랐다.

4
___

어떤 양자가
인기 있었을까?

양부와 양자의 촌수는?

입양은 양자를 받은 가족은 물론 양자를 보내는 가족에게도 큰 영향을 끼칠 수 있었기에 매우 신중하게 진행되었다. 나중에 언급하겠지만, 한번 입양된 양자를 다시 물리는 일은 입양하는 것보다 더 어려운 일이었으므로 선택은 더 신중할 수밖에 없었다. 그렇다면 양자를 들이는 가족 입장에서는 무엇을 기준으로 양자를 선택하였을까? 아쉽게도 입양을 하는 가족들은 자신들의 선택 기준이나 이유를 구체적으로 밝힌 자료를 남기지 않았다. 따라서 우리는 가장 흔한 유형의 입양을 살펴보는 것으로부터 그 기준을 생각해 보아야 할 것이다.

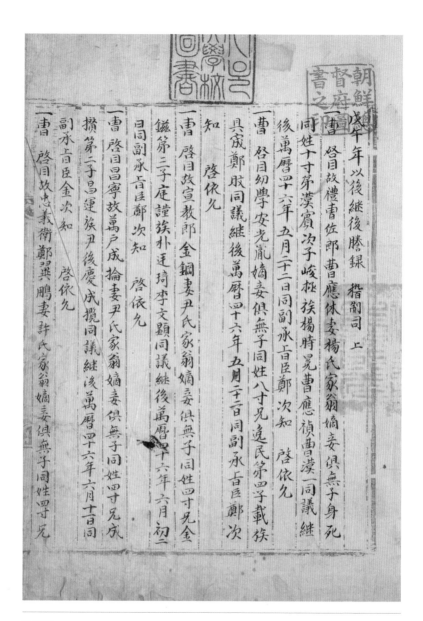

그림 10 『계후등록』(奎12869), 서울대학교 규장각한국학연구원 소장

앞에서도 살펴보았듯이, 양자가 될 수 있는 대상자는 법으로 정해져 있었다. '동종의 지자'가 바로 그것이다. 따라서 자기 집안의 바로 아래 세대에 속한 자들이 기본적인 입양 후보자들이었다. 그렇다면 양부들은 아래 세대 구성원 가운데 누구를 가장 선호하였을까? 양자를 선택하는 기준 가운데 하나로 혈연 거리, 즉 양부와 양자의 촌수를 먼저 살펴보도록 하자.

조선시대 입양의 양상을 정리한 초기 연구 중 하나는 전국에서 올라온 입양 청원 가운데 정부에 의해 허가된 입양 사례를 정리한 『계후등록』을 이용하였다. 이 연구는 17세기 초부터 19세기 중반까지의 입양 사례를 모아 입양의 유형을 정리하며 조선시대 입양 연구의 길을 열었다.[17] 이 연구를 통해 다수의 양부와 생부가 서로 어떤 관계였는지 확인할 수 있다. 2,070건의 입양 사례 가운데 633건, 즉 전체의 30.6%는 형제 사이에 아들을 주고받은 경우였다. 그다음으로 많은 경우는 사촌 사이에 아들이 오고 간 경우로 총 355건, 전체의 17.1%에 달했다. 즉, 대략 양자 가운데 3분의 1은 삼촌에게 입양되었으며, 나머지 중 4분의 1은 오촌숙, 일명 종숙 또는 당숙의 양자가 되는 경우였다. 이러한 결과는 양부가 대부분 혈연적으로 가까운 양자를 선호했음을 말해 준다.

이러한 경향은 다른 연구에서도 유사하게 나타난다. 경상도 단성현에서 대를 이어 살아온 한 가문의 족보에서 양자들을 모아 그 특징을 살펴본 연구를 참고할 수 있다.[18] 이 연구의 대상 가문은 훌륭한 선조를 두어 지역 내에서는 유명했지만, 오랫동안 고위 관직자를 내지 못한 일반적인 지방 양반이었다. 이들의 입양 역시 형제들 사이에서 아들을 양자로 주고받는 경우가 가장 많아, 그 비중은 전체 입양의 51.4%를 차지했다. 범위를 사촌으로 확장해 보면 아들을 주고받는 경우가 무려 79.9%에 달했다. 5명 가운데 4명이 삼촌숙이나 오존숙에게 입양되었던 것이다.

그럼 전국적으로 유명했던 양반 가문들은 어떠했을까. 조선 후기 중앙 정계를 주도하던 세도가문이나 많은 관직자와 과거 급제자를 배출한 유력 가문을 대상으로 입양을 다룬 또 다른 연구 역시 유사한 결과를 보여 준다.[19] 삼촌에게 입양되어 간 자들이 전체 입양의 32.2%였으며, 오촌 숙부에게 입양된 경우까지 합치면 전체의 49%를 차지했다. 지방 양반 가문에 비해서 멀리서 입양되는 양자들의 비율이 좀 더 많긴 했지만, 역시나 가까운 혈연관계에서 아들을 주고받는 경우가 다수였음을 알 수 있다. 따라서 일반적으로 양반들은 양자가 필요할 땐 우선 가까운 곳에서 찾으려 했던 것이다.

그렇다면 왜 양부들은 계승자를 가까운 친족 중에서 찾으려 했을까? 첫 번째 이유는 재산상속 과정에서 발생할 수 있는 분쟁을 피하려는 의도에 있었다. 합법적으로 입양된 양자는 가계 계승자이자 제사의 봉사자로서의 정당한 지위를 보장받았으며, 양가의 재산을 상속할 권리도 가지고 있었다. 다만 양부모의 제사와 재산이 아닌 조부모와 그 이상의 선조들에 대한 권리는 자연스럽게 보장받는 것이 아니었다. 양조부의 또 다른 손자들, 즉 양자에게는 새롭게 사촌이 된 자들과 양조부의 제사와 재산에 대한 권리를 나누어야 했기 때문이다.

예를 들어 장손의 위치로 입양되었더라도, 양조부모의 다른 손자들이 살아 있으면, 이 친손자들은 조부모의 피를 이어받지 않은 양손자가 조부모의 제사에 대해 권리를 행사하는 데 이의를 제기할 수 있었다. 입양된 양자보다는 친손인 자신들이 더 적법한 봉사자이자 계승자라는 것이 그 핵심 주장이었다. 그리고 제사권은 제사를 위해 마련해 둔 재산에 대한 권리와 묶여서 이해되는 경우가 많았다. 따라서 제사에 대한 분쟁은 자연스럽게 재산상속 분쟁으로 이어지곤 했다.

입양으로 인해 발생할 수 있는 이러한 친족 내 분쟁의 가능성을 막기 위해서는 분쟁을 제기할 필요가 없는 사람을 입양하는 것이 가장 좋은 방법이었다. 그렇기에 조부모의 재산을 나누어 받는 범위, 또는 증조부모의 재산을 공유하는 범위 안에 있는 자 가운데서 양자를 고르는 것이 안전한 방법으로 여겨졌다.

혈연적으로 가까운 자들이 양자로 더 선호된 또 다른 이유는 '인지상정人之常情'이란 말로 설명할 수 있다. 바로 양부와 양자 사이의 인정 또는 친밀감이 선택의 가장 중요한 요소 중 하나였던 것이다. 양부모 입장에서는 그나마 가까운 친족 중에서 양자를 데려와야 더 정감이 가고, 또 이렇게 정감이 쌓여야 나중에 양자에게 효도도 받고 제사도 제대로 받을 수 있다고 생각했을 것이다.

1970년대 초, 한국을 방문한 한 인류학자가 전통 가족문화와 관습의 흔적이 많이 남아 있던 전통마을을 방문하여, 당시 한국의 친족과 가족문화를 조사하고 보고하였다.[20] 그 가운데, 제사 중 조상의 혼을 본 노인들의 경험을 전하는 한 부인의 이야기는 양부와 양자 사이의 묘한 관계를 잘 보여 준다. 어떤 양자가 돌아가신 양부의 제사를 지내고 음식을 올렸지만, 막상 양부의 혼이 아닌 생부의 혼이 와서 제사 음식을 먹었다는 것이다. 양부를 위한 제사인데도 양자의 생부가 제사상을 받아먹고, 막상 주인공인 양부는 상 밑에 앉아 있었다는 이야기다. 그러면서 연구자는 부인이 양자가 소용없다는 이야기를 덧붙였다고 서술했다. 이 이야기에는 제사를 맡기기 위해 데려온 양자가 제대로 제사하지 않거나 효도하지 않을지 모른다는 양부모의 불안감이 녹아 있다. 바로 이러한 불안이 양부모로 하여금 더 가까운 친족에서 양자를 선택하여 상대적으로 쉽게 정감을 쌓기를 원하도록 만들었을 수 있다.

양자의 나이는?

양자 선택에서 또 하나 고려해야 하는 중요한 문제는 양자의 나이였다. 양부모는 어떤 연령대의 양자를 더 선호했을까? 입양될 시점의 양자의 나이를 기록한 자료는 많지 않기 때문에 그 수치를 정확히 알기는 어렵다. 그러나 여러 자료를 비교하여 양자들이 입양된 나이를 추정하려는 시도가 있었다. 이 연구는 현존하는 조선시대 단성현의 호적대장에서 양자가 양부모의 호적에 처음으로 등장하는 시점을 추적하였다. 그 결과 단성현의 양자들은 그 절반 정도가 20대에 입양되었던 것을 확인했다.[21] 또 다른 연구는 입양을 담당하던 예조의 입양 청원 허가 장부인 『계후등록』과 양반 가문의 족보를 비교하였다. 그 결과 예조로부터 허가를 받은 시점과 족보에 기록된 양자의 출생년을 이용하여 입양 당시 양자가 몇 살이었는지를 확인한 것이다.[22] 이 경우, 주로 서울과 경기 지역에 거주하던 유력한 양반

가문에 입양된 양자들이었는데, 예조에서 그들의 입양이 허가
될 때 그들의 나이는 평균 13.9세였다.

비록 자료나 연구에 따라 입양 시 양자들의 나이는 차이가
있으나, 분명한 점은 오늘날의 양자들보다 조선시대 양자들의
나이가 상대적으로 더 많다는 것이다. 오늘날 국내외로 입양되
는 자들의 나이에 대한 구체적인 정보는 많지 않지만, 한국 사
회에서 입양은 대부분 영유아기에 이루어진다. 그렇다면 왜 조
선시대의 양부모들은 오늘날과 달리 청소년기, 심지어는 성인
이 된 양자를 입양했을까.

우선 높은 영유아 사망률 때문이었다. 조선뿐 아니라 의학
이 발달하지 못한 전근대에는 아이가 태어난 후 얼마 살지 못하
고 죽는 경우가 많았다. 조선시대 영유아의 사망 정보를 말해
주는 자료가 없기 때문에 당시의 영유아 사망률이 어느 정도인
지는 알 수 없다. 그러나 식민지기인 1930년대를 대상으로 한
자료를 보면 조선인의 영아 사망률은 10%를 전후하는 정도였
다. 하지만 신생아를 호적에 잘 올리지 않거나, 올리더라도 몇
년 뒤에나 올리는 관습이 해방 이후까지 남아 있었다는 사실을
생각해 보면, 실제 호적에 오르기 전에 사망한 아이들의 비율은
이보다 훨씬 많았으리라 추정할 수 있다.[23] 하물며 위생 관념이
더 약했고 근대 의학이 들어오지 않았던 조선시대에는 갓 태어

난 영아는 물론 유아들도 쉽게 사망에 이르곤 했다. 당시 가장 안전한 환경에서 태어났을 왕의 자녀 가운데서도 성년까지 성장하기 전에 사망한 경우가 얼마나 많았는지 생각해 보면, 조선시대 영유아 사망률이 매우 높았으리라는 것을 알 수 있다.

조선시대 입양의 일차적 목적은 가계를 안정적으로 이어 줄 계승자를 구하는 것이었다. 따라서 안정적인 가계 계승을 위해서는 영유아기가 지난 양자를 데려오는 것이 합리적인 선택이었다. 양부모의 입장에서는 애써 양자를 입양했는데 금세 사망한다면 새로운 양자를 구하는 수고를 치러야 했기 때문이다. 조선시대 양자들의 나이가 오늘날보다 훨씬 많았던 가장 큰 이유가 여기에 있었다.

또 양부모의 관점에서는 혼인하고 자녀까지 있는 양자를 더 선호했을 수 있다. 당시 양반들은 대부분 20세 이전에 혼인했기 때문에 양자 가운데 다수는 입양 시점에 이미 혼인하여 자녀를 두었을 가능성이 높다. 이렇듯 자녀의 존재는 양자의 생식능력을 증명하는 것이며, 혹시 이미 아들을 낳은 자라면 단 한 번의 입양으로 두 세대에 걸친 가계 계승을 보장받을 수 있었다. 말 그대로 일석이조一石二鳥였다. 이처럼 조선의 입양 시점이 오늘날보다 늦은 것은 바로 입양의 목적이 양육이 아니라 가계 계승에 있다는 데 이유가 있었다.

물론 모든 양부모가 성장한 양자를 선호했던 것은 아니다. 앞에서도 언급했듯이 양부모의 가장 큰 불안 가운데 하나는 데려온 양자가 효를 다하지 않고, 제사도 제대로 지내지 않을 수 있다는 점이었다. 양부모들은 이런 문제를 피하고자 가까운 친족으로부터 양자를 구하기도 했지만, 일부 양부모들은 정감 형성을 위해 아예 나이가 어린 양자를 구하기도 했다. 이는 양부모가 어릴 때부터 친부모처럼 양자를 양육함으로써 양자와의 진밀감을 극대화하려는 의도였다. 더구나 만약 양자를 들여야 한다면, 최대한 빨리 양자를 데려오는 것이 선택의 폭을 넓히는 길이기도 했다. 세 가족 중 하나는 양자를 들여야 했던 조선에서, 좋은 후보자라면 양부모가 고민하는 사이 금세 다른 곳에 입양되어 버릴 수도 있었기 때문이다.

이번에는 한 양반 남성이 남긴 글을 통해 양부와 양자의 관계를 구체적으로 살펴보도록 하자. 18세기의 학자 채팽윤蔡彭胤은 자신의 양자에 대한 애틋한 마음이 담긴 50여 수의 시를 남겼다.[24] 채팽윤은 아내 한 씨와의 사이에 아들이 없어 맏형 채명윤의 둘째 아들, 조카 채응동蔡膺소을 양자로 들였다. 「회아설懷兒說」이라는 글에서 그는 양자 응동에 대한 절절한 사랑을 이렇게 표현하였다. "응동이는 올해 나이 아홉 살이고 내 나이는 서른여덟이다. 눈앞에 오직 응동이만 들어오니 낮이면 항상 무릎에 두고 밤중에는 품 안에 두었다. 그러다 내가 다른 곳에 있게 되면서부터 앉으면 무릎만 어루만지고, 누워서는 가슴을 쓰다듬는 것이 마음이 서운하여 마치 잃어버린 것이 있는 듯했다." 이 글을 쓴 시점은 채팽윤이 7세의 응동을 입양한 지 2년이 지난 뒤였다. 사실 응동을 입양하는 일이 쉽지는 않았는데, 큰형수는 품 안의 귀한 아들을 입양 보내는 것을 주저하였고, 지켜보던 둘째 형도 "양자를 들일 때는 어렸을 때 하는 것이 귀한 법인데, 지금은 시기가 너무 지났다"라며 우려를 표하였다. 그러나 채팽윤과 채응동의 관계는 원만히 형성되었고, 이는 양부인 팽윤이 양자 응동을 생각하며 쓴 여러 편의 시에서도 드러난다. 키우는 정을 위해서라면 입양은 가능한 이른 나이에 진행하는 편이 나았다. 이러한 사정은 중국에서도 크게 다르지 않았던 것으로 보인다. 유교식 입양 문화 정착에 영향을 준 남송 대의 저작 『원씨세범袁氏世範』은 양자는 성장한 뒤에야 입양하는 것인데, 근래에는 이를 어기고 사리를 알지 못하는 어린 나이에 양자를 데려와 기른다며 당시의 세태를 비판하였기 때문이다.[25] 새로운 관계를 맺는 어려움은 시대와 장소를 떠나 유사한 법이다.

5

멀리서 데려온 양자들

가까운 후보를 제친 양자들

앞에서 살펴본 대로 양자는 형제의 아들, 즉 조카 가운데 구하는 것이 일반적이었다. 혈연적으로 가까운 관계에 있는 양자를 입양할 때 얻을 수 있는 이점들이 여럿 있었기 때문이다. 그러나 여러 가지 이유로 양자의 선택 범위는 넓어질 수도 있었다. 무엇보다도 입양할 수 있는 후보자가 가까운 친족 내에 없다면 당연히 멀리서 양자를 데려와야만 했다. 그러나 양반들의 족보에서는 가까이에 양자가 될 수 있는 후보자가 있음에도 불구하고 굳이 멀리서 아들을 입양하는 경우가 적지 않게 발견된다.

양부모가 양자를 멀리서 데려온 이유는 무엇이었을까. 첫 번째로 생각해 볼 수 있는 것은 가까운 친족들이 아들을 주지 않으려 할 경우이다. 조선 후기 유력 가문인 (신)안동 김씨 내부에서 진행된 입양 사례들을 중심으로 이런 사례들을 살펴보자.[26] 앞서 김상헌의 봉사손 김건순의 이야기에서도 언급했지만, 이 가문은 당대 노론의 핵심 가문으로 많은 과거급제자와 관직자를 배출했다. 특히 19세기에 세 명의 왕후가 연속으로 배출되면서 안동 김씨의 영향력은 최고조에 달했다. 하지만 아무리 권력이 크더라도 마음대로 되지 않는 일이 있었다. 아들 낳는 일도 그랬다. 당시 안동 김씨 구성원들은 생각보다 아들을 많이 낳지 못했는데, 그 결과 자연스레 입양이 흔하면서도 필수적인 행위가 되었다.

노론을 이끌던 안동 김씨의 김창집과 김제겸 부자는 경종 대 발생한 신임옥사(또는 신임사화라고도 부름) 당시 소론의 공격으로 결국 사사되었다. 그러나 얼마 지나지 않아 즉위한 영조는 즉위 직후 이들의 작위를 복구하였고, 충신으로 대우하면서 오히려 그 후손들의 위상은 더 공고해졌다. 김제겸에게는 모두 11명의 증손이 있었는데, 이들 가운데 김태순金泰淳, 김종순金宗淳, 김시순金蓍淳, 김용순金龍淳, 김홍순金鴻淳에게는 아들이 없었다. 특히 김태순, 김종순, 김시순에게는 오촌 이내에 데려올 수 있는 조카가 없었다. 가장 가까운 양자 후보자는 육촌 형제인 김조순과 김명순金明淳의 아들들로 칠촌 조카들이었다. 김조순은 세 명의 아들을 두었는데, 그중 하나를 사촌 형인 김용순에게 양자로 들여보냈지만, 다른 아들들은 육촌 형제에게 입양 보내지 않았다. 김명순도 아들이 셋 있었지만, 그는 단 한 명도 절실했던 육촌 형제들에게 양자로 주지 않았다. 결국, 태순과 종순, 시순은 멀리서 양자를 찾을 수밖에 없었다.

김조순과 김명순은 왜 육촌 형제들에게 아들들을 입양시키

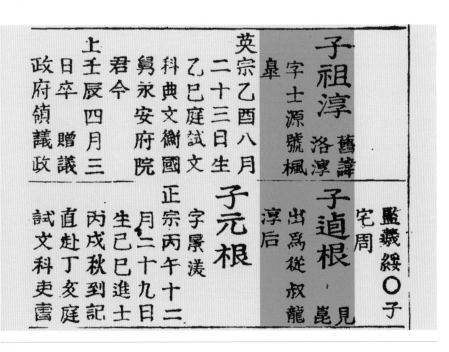

그림 11 장남을 사촌 형에게 입양 보낸 김조순, 『안동김씨세보』(1833, K2-1764), 한국학중앙연구원 장서각 소장

지 않았을까. 우선 김태순의 경우, 김명순보다 12년, 김조순보다는 18년 먼저 태어났고 일찍 사망하였기에 이들의 아들을 양자로 데려가기에는 입양 시점이 맞지 않았을 가능성이 크다. 김시순 역시 나이가 문제였다. 그는 11명의 김제겸 증손 가운데 가장 나중에 태어났다. 그는 김명순의 셋째 아들과는 같은 해에 태어났으며, 김조순의 셋째보다는 한 해 먼저 태어났기에 이들을 입양하는 것은 무리였을 것이다.

그렇다면 김종순은 왜 육촌 형제의 아들을 얻지 못했을까. 속사정을 정확히 알 수는 없지만, 생가와 양가의 사회적 위상 차이 때문이었을 수 있다. 김조순은 21세의 젊은 나이에 문과에 급제하여 정조의 총애를 받았다. 정조를 잘 보필한 그는 결국 딸이 세자빈으로 간택되는 기회를 얻었고, 순조 즉위 후 국구國舅, 즉 왕의 장인이 되었다. 김조순을 기점으로 안동 김씨에서 세 명의 왕후가 배출되었으므로, 그를 안동 김씨의 세도정치를 본격적으로 시작한 인물로 여긴다. 세 명의 아들 가운데 한 명도 육촌 형제에게 보내지 않았던 김명순 역시 잘 나가던 인물이었다. 그는 사마시에 급제하고 음직으로 현감을 지내던 중 대과大科에 급제하여 이조참판에까지 오르는 등 중앙 정계에서 활약하였다. 이렇게 성공한 자들의 생때같은 아들을 데려오려면 그만큼 성공한 집안이어야 했을 것이다.

김조순으로부터 아들을 얻을 수 있었던 김용순은 사마시에 입격하였으며, 비록 음직으로 관직에 올랐지만, 훗날 공조참의에 오를 정도로 성공적인 관료 생활을 했다. 반면 아들을 구해야 했던 김종순은 19세의 젊은 나이에 사망하여 어떤 관직에도 오르지 못했다. 사망한 아들을 대신하여 후사를 찾아 주어야 했던 그 부친 김이완金履完 역시 문과는커녕 사마시에도 붙지 못한 채 음직으로 지방관을 역임했을 뿐이었다. 그렇지 않아도 아들을 얻어야 하는 가족의 목소리가 아들을 주는 가족들보다 상대적으로 작을 수밖에 없는 입양의 특성상, 자신보다 사회적 위상이 한참 높은 가족의 아들을 얻어오기는 쉽지 않았다. 결국 칠촌 조카를 데려올 수 없었던 김종순 가족은 19촌이나 되는 조카를 데려와 가계를 잇게 했다.

때로는 정치적 성향 차이가 가까운 후보자의 입양을 막는 장애물이 되기도 했다. 조선 후기에는 같은 가문, 가족 안에서도 정치적 성향, 일명 당색黨色이 갈라지는 경우가 많았기 때문이다. 조선 후기 중앙 정계에서 힘을 발휘하던, 이른바 벌열閥閱이라 불리는 유력 가문들만 살펴보더라도 가문 내부에서 정치적으로 갈라지거나 심지어 친족들 간에 대립한 경우를 어렵지 않게 찾아볼 수 있다. 더구나 학문 성향, 사제 관계, 혼인 관계 등이 개인의 정치적 성향에 영향을 주었기 때문에 선조의 당색을 후손이 무조건 따른다는 보장도 없었다. 따라서 양부는 자신과 정치적으로 성향이 다른 양자를 들여 훗날 부자가 정치적 이유로 갈등할 가능성을 만들려 하지 않았다.

조선 후기 유력 가문으로서 친족 내에서 정치적 입장이 갈라진 양주 조씨의 사례를 통해 정치적 성향과 양자 문제를 살펴보자.[27] 인조의 계비繼妃 장렬왕후를 배출한 양주 조씨는 이후 많은 급제자와 관직자들을 배출하면서 중앙 정계의 핵심 가문 가운데 하나로 부상하였다. 특히 국구國舅가 된 조창원의 조카들과 그다음 세대에서 집중적으로 많은 급제자와 고관이 나왔다. 그 가운데서도 두각을 나타낸 것은 조태구趙泰耉와 조태채趙泰采였다. 둘은 사촌, 종형제 사이로 같은 해에 태어나 같은 해에 과거에 합격한 인연이 있었다. 하지만 조태구가 소론 성향을 보인 것과 달리 조태채는 노론과 친했다. 조태채 말고도 여러 종형제가 소론으로 방향을 잡은 것과 달리 조태채는 개인의 학문적 성향 때문에 노론으로 기울었던 것으로 보인다. 뛰어났던 두 종형제는 각기 자신의 당파에서 핵심적인 인물로 성장했다.

조태구, 조대채 종형제 사이의 문제는 경종이 왕위에 오른 뒤 발생했다. 당시 정국을 주도하는 노론에서는 경종이 후사를 낳을 수 없으리라 판단하고 경종의 배다른 동생인 연잉군(훗날의 영조)을 세제世弟로 책봉할 것을 주장했다. 경종의 윤허를 받은 노론은 더 과감하게 세제에게 대리청정을 시킬 것을, 즉 권력을 넘길 것을 경종에게 요청했다. 경종이 왕위에 오른 지 겨우 1년 만의 일이었다. 하지만 이 무리한 요구는 경쟁 상대였던 소론의 반격을 불러왔다. 소론은 이 요구를 무마시켰을 뿐만 아니라 노론에 대한 정치적 공격을 감행하여 이 요구를 주도했던 노론의 핵심 인물들을 사사시키는 데까지 이르렀다. 이를 신임옥사라 한다. 소론의 공격을 주도한 사람은 당시 소론을 이끌던 조태구였으며, 그 공격을 받아 사사된 노론 핵심 인물 중 하나가 조태채였다. 조태구가 종형제를 죽이기 위해 공격을 한 것은 아니었지만 결과적으로 그는 종형제의 죽음에 책임이 있었다. 불과 몇 년 뒤 경종이 사망하고 세제가 왕위에 오르면서 노론의 승리로 상황이 바뀌었고, 조태채는 훗날 복권되어 명예를 되찾았다. 조태구는 경종이 사망하기 전에 세상을 떠나 생전에 험한 꼴을 당하진 않았지만, 사후 역적으로 낙인이 찍혔고 후손들은 고난을 당했다.

친족 간 갈등의 상처는 깊어도, 완전히 연을 끊고 살기는 쉽지 않은 일이다. 특히 가계를 이어 갈 아들을 빌려 와야 하는 경우라면 더욱 서로의 도움이 필요했다. 하지만 흥미롭게도 이들은 아들을 데려와야 하더라도, 정치적 성향이 다르다면 가까운 친족의 아들을 양자로 선택하지 않았다. 영조 대 이후, 노론 성

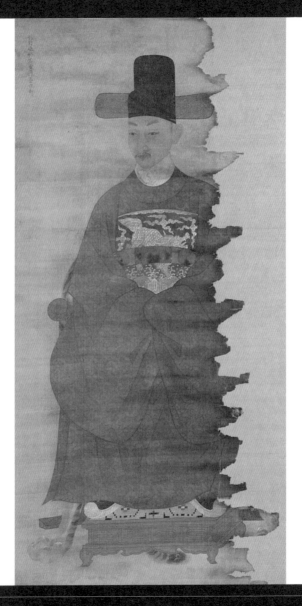

그림 12 세제 연잉군 시절 영조의 초상, 〈연잉군 초상〉, 국립고궁박물관 소장

향의 양주 조씨들이 입양한 양자 가운데 가까운 소론 성향 친족들이 아니라 멀리서 데려온 양자는 모두 10명이었다. 이들은 무려 수백 년 전 갈라졌던 양주 조씨의 먼 지파에서 선택되었다. 이들 중 혈연적으로 가장 가까운 경우도 무려 21촌에 달했고, 멀리는 무려 35촌이나 되는 자를 데려와 아들을 삼는 일도 있었다. 혈연적으로 더 가까운 소론 성향의 친족들에게서도 입양 후보자들이 있었지만, 이들은 단 한 차례도 소론으로 알려진 친족들의 후손을 입양하지 않았다.

여기서 우리는 선택의 여지가 없어 멀리서 데려온 양자들의 사례를 살펴보았다. 혈연적으로 가까운 입양 대상자가 없거나, 생가와 양가의 사회경제적 위상 차이가 심해 아들을 얻을 수 없거나, 정치적 성향이 다른 친족들의 아들들을 입양하지 않는 경우 등이었다. 그렇다면 이러한 문제가 없는데도, 충분히 입양 가능한 대상자들이 가까이 있었음에도 굳이 멀리서 양자를 데려온 이유는 무엇이었을까.

멀리서 온 양자들이 더 성공한다?

한정된 자료만으로는 양부모의 의도를 확인하기 어렵다. 더구나 입양 시에는 아들을 얻어 가야 하는 양가의 입장이 일반적으로 약자일 수밖에 없었다. 따라서 여기서는 사회적 위상이 높으면서도 아들을 낳지 못해 양자를 구해야 했던 가족들에 한정하여 이들의 선택을 살펴보고자 한다. 사회적으로 성공한 이들이 가까운 친족 후보자를 두고도 멀리서 양자를 데려왔다면, 이는 의도적인 선택으로 이해할 수 있기 때문이다.

구체적인 상황을 알아보기 위해 3품 이상의 고위직에 올랐으면서 아들을 낳지 못해 양자를 입양해야 했던 자들의 선택을 살펴보도록 하자. 조선시대에 3품 관료는 대부분의 관청에서 가장 높은 자리에 오른 인물들로 최고위직 관료였다. 우선 장동 김문이라고 알려진 (신)안동 김씨에서는 조선 후기에 3품 이상의 고위직에 올랐던 자 가운데 16명이 아들을 낳지 못해 입양을 통해 가계를 이어야 하는 형편이었다. 그나마 이들은 고위 관직에 있었기에 양자 선택에서 상대적으로 주도권을 가질 수 있었으리라 여겨진다. 하지만 이렇게 높은 관직에 오른 자 중에서도 4명은 가까운 조카 중 양자 후보자가 있음에도 불구하고 먼 친족에서 아들을 입양하였다.

또 다른 유력 가문으로 월사 이정구李廷龜의 후손들, 즉 연안 이씨 관동파의 상황도 살펴보자. 관동파의 구성원 가운데서도 조선 후기에 3품 이상에 오른 자로 아들을 입양해야 했던 자는

17명이었다. 그리고 그 가운데 5명이 가까운 후보자가 있음에도 멀리서 양자를 들였다. 사회적으로 우월한 지위에 있어 입양에서 주도권을 가질 수 있는 상황임에도 가까운 친족이 아니라 굳이 멀리서 양자를 구해 온 이들의 행위는 분명 다른 의도를 가진 선택으로 보인다.

이런 상황은 종가의 종손 선택으로 바꾸어 보더라도 크게 달라지지 않는다. 일반적으로 종손은 영원히 제사를 지내야 하는 불천위 제사의 봉사손을 말한다. 불천위는 일반적으로 국왕의 자녀들이나, 공신 등 그 위상이 특별한 사람들에게 내려지는 특권이었다. 그리고 조정에서는 불천위의 봉사손들에게는 관직이나 제수 비용 등을 지급하여 봉사손들이 불천위 제사에 신경을 쓰도록 노력하였다. 그런데 이 종손들의 입양은 가까운 곳에서 양자를 들여 제사를 이어 가게 하는 경우는 물론, 굳이 멀리서 양자를 들이는 경우가 적지 않았다.

조선 후기의 학자 성만징成晚徵이 쓴 「입양에 대한 글(繼後說)」을 통해 그 이유에 대한 단서를 발견할 수 있다. 그는 사람들이 양자를 굳이 멀리서 데려오는 행위를 다음과 같이 비판하였다.

"무릇 사람이 양자를 정하는 것은 비록 친형제의 아들이 있더라도 혹 친족의 종형제 사이에서 취하기도 한다. 내 생각에 장남이 아닌 사람들은 이렇게 하더라도 문제가 아니지만, 조부와 부친의 제사를 잇는 자는 결코 이렇게 행동해선 안 된다. 이는 무슨 이유냐. 내가 아들이 없어 다른 이를 구할 때 오직 그의 현명함만을 보면 이는 조상들이 볼 때 친손이 있는데도 피가 섞이지 않은 자에게 제사를 맡기는 것이니 인정과 도리에 어긋나는 바가 있지 않겠는가."

— 성만징, 『추담선생문집秋潭先生文集』권7,

「잡저雜著·계후설繼後說」

그는 굳이 멀리서 양자를 들이는 경우는 후보자의 현명함, 즉 능력을 보기 때문이라고 보았다. 사실 입양 후보자의 능력을 고려하여 멀리서 친족을 데려오는 경우는 생각보다 많았던 것으로 보인다. 이러한 행위에 대해 송시열을 비롯한 당대 학자들의 고민과 비판을 어렵지 않게 찾아볼 수 있기 때문이다.

양자는 가계의 성공을 좌우하는 중요한 역할을 하게 되므로, 양부모 입장에서는 조금이라도 더 뛰어난 자를 골라 그가 가족과 가문을 빛내 줄 것을 바라는 것이 당연했다. 이렇게 가까운 후보자를 제치고 좀 더 뛰어난 자를 찾아 멀리서 양자를 데려오고자 하는 양반들의 욕구는 조선 후기에 유행한 가문 소설에도 투영되었다. 18세기 후반 작품인 『완월회맹연玩月會盟宴』도 그중 하나로, 명나라를 배경으로 삼대에 걸친 가족사를 다룬 이야기이다. 이야기의 주인공인 정한程翰에게는 두 아들이 있었는데, 그 가운데 장남인 정잠程潛은 아들이 없어 동생의 아들인 정인성程仁星을 입양하였다. 이 과정에서 정잠은 양자로 들이려는 조카의 능력을 칭찬하면서 다음과 같이 큰 기대감을 나타낸다.

> "이 아이의 사람됨이 이 시대에 독보적이니 우리 집안을 창대하게 함은 말할 것도 없고 훗날 국가를 보좌하며 우리 유교에 만고에 없는 스승이 될 것이다. 천하에 도道가 서게 되며 도를 후세에 전함이 이 아이밖에는 나지 않을 것이니 백 대 이후의 한 사람이 되지 않겠는가."
>
> ─『완월회맹연玩月會盟宴』

당시 유행했던 이 소설은 당시 양반들의 양자에 대한 기대감을 보여 준다. 양자는 기본적으로 제사를 이어받아 가계를 계승하는 것이 일차적인 목적이었다. 그러나 위의 표현에서도 알 수 있듯이, 양부모의 욕망은 가문과 나라, 학문에 뛰어난 인물이 될 자를 세우고자 하는 데까지 닿아 있었다.

가평 지역에 전해지는 한 이야기도 후보자의 능력을 중시하여 양자를 선택한 양부의 마음을 잘 보여 준다. 그 주인공은 앞에서 살펴본 연안 이씨 관동파의 이천보李天輔라는 인물이다. 그는 사마시와 문과에 급제하고 영조 대에 영의정까지 올랐으며 사도세자의 스승으로 알려진 인물이다. 그는 가까운 조카들이 있음에도 11촌 조카 이문원李文源을 입양하였다. 이에 대해 가평에서는 한 이야기가 전해지는데, 이 이야기에 따르면 그 사정은 다음과 같다.

당시 서울에서 판서를 지내던 이천보에게는 아들이 없었다. 그는 가평에 있는 선조들의 묘소에 제사하러 간 김에 그곳에 사는 십촌 형제 이국보李國輔의 집에 방문하였다가, 당시 7세였던 문원의 총명함을 보고 그의 입양을 결정하였다. 이국보는 막내아들 문원이 말썽만 부리는 아이라며 다른 아들을 입양할 것을 권했으나, 이천보는 뜻을 굽히지 않았다. 이렇게 양자가 되어 양부를 따라 서울로 올라온 이문원은 양부의 기대와 달리 말썽만 일으켰다. 이를 참지 못한 이천보는 결국 파양하려는 생각에 이문원을 가평으로 돌려보내려 하기까지 했다. 그러나 이천보는 점차 양자 문원의 놀라운 기치와 뛰어난 능력을 인정하여 그를 더 아끼게 되었다는 이야기이다.[28]

이 이야기는 이문원이 그 총명함 때문에 양자로 선택되었다고 말한다. 그리고 실제로 이문원은 24세에 사마시, 32세에는 문과에 급제하고는 이조판서에까지 올랐다. 이천보가 좀 더 가까운 조카를 두고, 이국보의 세 아들 가운데 굳이 이문원을 선택한 이유가 그의 총명함 때문이었다면, 그의 안목은 정확했다고 하겠다.

마지막으로, 더 가까운 후보자를 제치고 멀리서 입양을 온 자들이 실제로 더 좋은 결과를 보여 주었는지 확인해 보도록 하자. 오늘날 남아 있는 자료로는 개인의 능력 자체를 확인할 방법은 없기 때문에, 대신 조선시대 관직 획득의 지름길이었던 과거에 합격한 자들의 비율을 통해 추정해 보고자 한다. 안동 김씨에서는 멀리서 의도적으로 선택되어 온 양자들의 비율이 전체 양자의 25%에 달했으며, 연안 이씨 관동파에서는 그 비율이 15.7% 정도였다. 이렇게 멀리서 선택된 양자들이 사마시나 문과에 합격할 가능성은 양부와 가장 가까운 혈연관계에서 입양된 양자들이 합격할 가능성보다 무려 115%, 즉 두 배 넘게 높았다.[29] 이 결과는 조선시대 양반들이 입양을 가계 계승뿐 아니라 성공의 도구로도 전략적으로 사용하였음을 보여 주는 것은 아닐까. 적지 않은 양부모가 앞에서 살펴본 혈연 거리, 나이, 정감, 정치적 성향 등의 조건과 함께 양자의 능력까지도 선택의 주요 기준으로 생각하였던 것이 분명하다.

6
___

입양은 누가 주도하는가

양부모 대신 입양을 주도할 사람은 누구?

18세기 영남의 유학자이자 관료인 권상일權相一이 쓴 『청대일기淸臺日記』를 통해 당시 양반들이 입양을 어떻게 생각하였는지를 엿볼 수 있다. 그의 일기에 따르면 당시 양반들은 양자를 들여 가계를 이어야 하는 상황을 정말 피하고 싶은, 골치 아픈 일로 생각하고 있었다. 1725년(영조 1), 그는 지인인 홍국상이 어린 아들을 잃었다는 소식을 자신의 일기에 기록하였다. 홍국상은 뒤늦게 아들을 얻어 기뻐하였으나 이 귀한 아들이 6세의 나이로 사망하였다는 것이다. 권상일은 홍국상이 낙심하여 몸이 상할까 걱정하면서, 홍국상의 가문이 3대에 걸쳐 양자를 들여

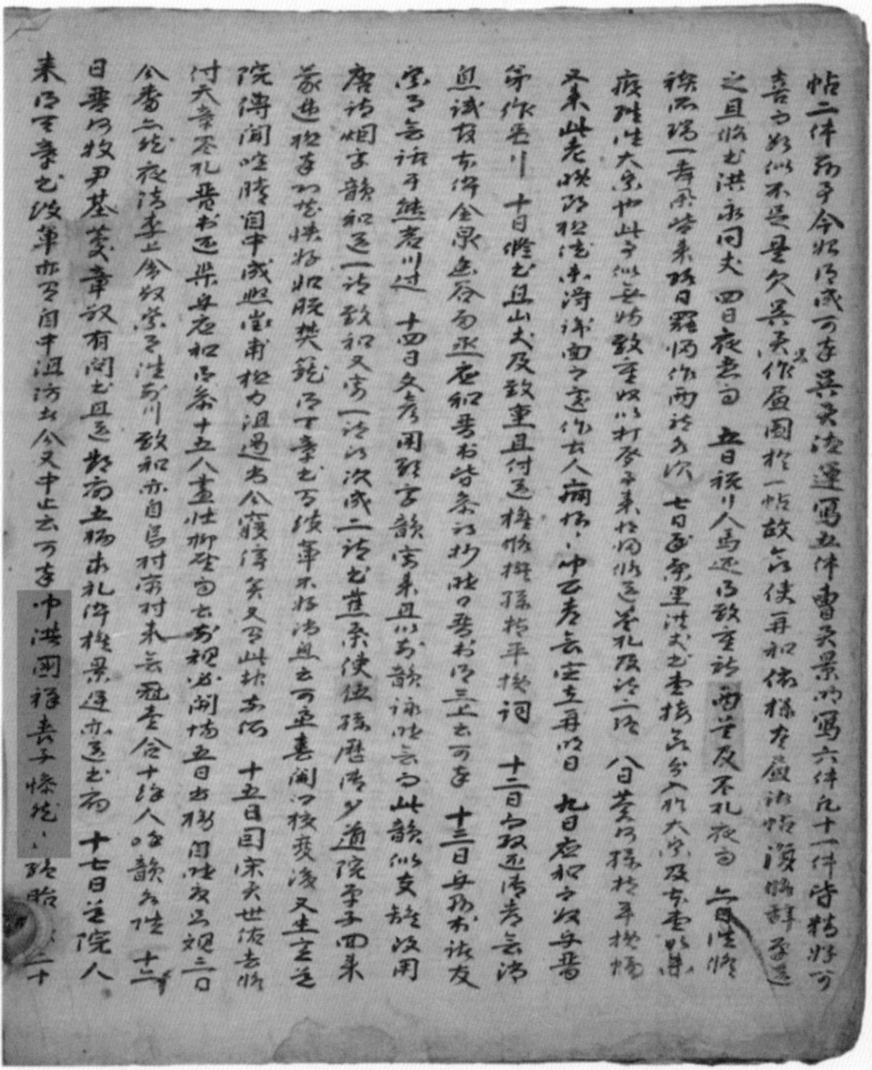

그림 13 권상일이 홍국상의 아들 잃은 소식을 들은 부분, 『청대일기淸臺日記』, 한국국학진흥원 소장

가계를 이어 가게 된 상황을 슬퍼하였다. 그러면서도 자신의 집안에는 시조부터 자기까지 28대에 걸쳐 양자를 들여 가계를 이은 일이 없었다며, 이는 세상에 드문 일이라 자랑하였다. 권상일의 평가대로 생물학적으로 대를 이어 아들이 끊기지 않고 태어날 가능성은 매우 낮다. 그러니 양반들에게 입양은 언젠가 다가올 큰일처럼 느껴졌을 것이다. 그럼에도 입양에 대한 권상일의 평가는 남의 아들을 데려오는 일이 얼마나 쉽지 않은 일이었으며, 그렇기에 가능한 피하고 싶은 일이었는지 잘 말해 준다.

이토록 어려웠던 입양을 주도하고 국왕에게 청원하는 주체는 기본적으로 양부모였다. 조선 정부는 양부모와 생부모가 모두 생존한 상태에서 입양이 진행되는 것을 가장 안정적이고 이상적인 형태의 입양으로 이해하였다. 물론 언제나 이렇게 네 명의 양부모와 친부모가 생존한 상태에서 입양이 진행될 수는 없었다. 하지만 양가와 생가의 부모가 생존하지 않은 상태에서 진행되는 입양은 특수한 경우이자 특별 허가가 필요한 것으로 이해하였다. 다행히도 예조에서는 이러한 입양 청원들을 따로 모아 『별계후등록』이라는 책으로 만들었기에 오늘날 우리에게는 이런 특수한 입양의 사례들이 조금이나마 전해진다.

17세기부터 19세기까지 올라온 『별계후등록』의 입양 청원 가운데 510건의 청원이 양부모와 생부모 모두가 사망한 뒤 제

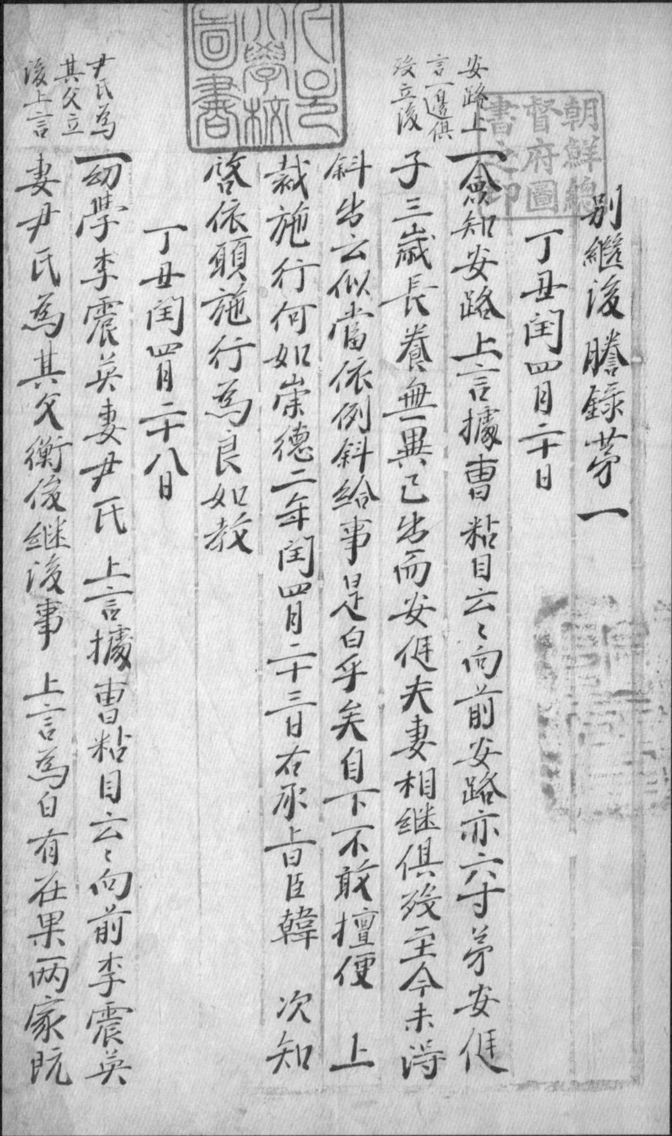

別繼後謄錄 荠一

丁丑閏四月二十日

一金知安路上言據曹粘目云〻向前安路亦六寸等安㣄

子三歲長養無異已告而安㣄夫妻相継俱後至今未淸

斜出云似當依例斜給事是白乎矣自下不敢擅便 上

裁施行何如崇德二年閏四月二十三日右承旨臣韓 次知

啓依頀施行為良如教

丁丑閏閏二十八日

劾學李震英妻尹氏 上言據曹粘目云〻向前李震英

妻尹氏為其父衛後継後事 上言為白有在果兩家阮

그림14 『별계후등록(법외계후등록)』(奎12903), 서울대학교 규장각한국학연구원 소장

출된 청원이다. 청원자를 살펴보면, 부모가 없을 때 입양을 주도한 자가 누구인지 살펴볼 수 있다.[30] 우선 친족 유형에 따라 살펴보면, 전체 496건 가운데 97.3%가 부계 친족, 즉 양부와 생부의 친족이 제출한 청원이었다. 부계 친족 내에서도 청원을 주도한 사람을 더 자세히 살펴보면, 사망한 양부의 윗세대에 속하는 자들이 가장 많은 청원을 올려 전체의 42%를 차지했다. 양부의 부모나 삼촌, 고모 등 양부와 혈연적으로 가까운 사람들이 청원을 주도했던 것으로 보인다. 경우에 따라서는 양부의 조부모, 또 방계 선조들(오촌숙, 칠촌숙, 종조부 등)이 청원을 올리기도 했다. 비록 한 건에 불과했지만, 양부가 되려는 자의 증조모가 생존하여 청원을 올린 경우도 있었다.

부모들이 사망한 뒤 진행되는 입양 청원에 다음으로 많이 나선 부류는 양부의 형제 세대로, 전체 청원의 34.1%가 여기에 속했다. 그중에서도 양부의 형제, 자매들이 청원을 주도했다. 또 종형제(사촌)나 재종형제(육촌)가 청원을 올리기도 했고, 드물지만 서제, 즉 아버지의 첩이 낳은 서자 아우가 적형의 후계자를 세우기 위한 청원자가 되는 예도 있었다.

나머지 부계 친족이 제출한 청원은 양부보다 아래 세대에서 제출한 것으로, 전체의 16.1%였다. 이 경우에도 청원은 주로 양부와 혈연적으로 가까운 조카들, 즉 삼촌 조카(형제의 자녀), 오촌 조카(사촌 형제의 자녀) 등으로부터 제출되었다. 마지막으로 부계 친족 청원자 중에 주목할 만한 자들은 문장門長이다. 문장은 문중의 대표자이자 어르신으로서 집안의 중요한 결정을 주도하고 여러 문제를 조율하는 역할을 하는 자들이었다. 그렇기에 이들은 양부가 될 사람과 혈연적으로 가깝지 않더라도 입양 문제의 청원자로 나설 수 있었다.

청원자 대부분이 양부의 부계 친족에 속한 자들이었지만, 그 외에 청원사가 없는 것은 아니었다. 우선 양부의 모계친, 즉 양부의 외가 친족으로부터의 청원이 8건으로 전체의 1.6%를 차지했다. 이 경우는 양부의 외사촌이나 외종질 등이 청원 대상자였다. 또 드물지만, 양모의 친족이자 양부의 처가 식구들이 청원을 하기도 했다.

입양 결정에서 양부만큼 중요한 역할을 한 것은 양모였지만, 양모의 친정 식구들이 입양에서 역할은 공식적으로 잘 드러나지 않는다. 하지만 이제 살펴볼, 조선 후기 가족문화가 아직 강하게 남아 있던 식민지기 한 가족의 이야기는 양모의 친족이 입양에서 중요한 역할을 할 수 있었음을 말해 준다.[31]

남붕南鵬은 20세기 초 경북 영덕에 살던 선비였다. 비록 세상이 바뀌어 조선은 없어졌지만, 어느 겨울날 그는 『주자서절요朱子書節要』를 읽고 자신의 두 아이에게도 『논어』를 가르치며 하루를 보내고 있었다. 그날 저녁 그는 울진에서 온 손님을 맞이했는데, 이들은 사촌 동생 남호연의 처남들이었다. 사촌 남호연은 11년 전 젊은 나이에 아내 안 씨와 갓 태어난 아들을 남겨 두고 세상을 떠났고, 과부 안 씨의 희망이었던 아들마저 몇 년 지나 죽고 말았다. 가계가 끊어질 상황에 처한 과부 안 씨는 남편의 조카를 입양하고자 했으나 성사시키지 못하고 있었다. 이에 울진에 살던 과부 안 씨의 친정 형제들이 홀로된 누이의 후사를 세우기 위해 찾아왔던 것이다. 아마도 안 씨 형제는 남호연의 사촌 형인 남붕이 이 일에 나서 주기를 원했던 모양이다. 남붕의 일기에 기록된 이 이야기는 부계 친족이 강력한 힘을 발휘하던 20세기 초, 과부가 된 누이의 후사를 세우기 위해 동분서주하는 남호연의 처가 식구들의 모습을 보여 준다.

『별계후등록』에 등장하는 청원자 중에는 친족이 아닌 노비가 청원자로 등장하기도 한다. 이는 주인의 가계 계승을 위해 입양을 청원한 사례이다. 하지만 당시 노비들이 청원을 진행할 지식이나 재력이 없었으리라는 점을 고려하면, 이는 주인의 친족들이 도와 청원을 진행하였다고 추측하는 것이 합리적이다.

이처럼 양부모와 생부모가 모두 사망한 경우, 청원을 진행하는 당사자들은 대부분 양부와 가까운 부계 친족들이었다. 이렇게 보면 사망한 친족의 가계를 이어 주고 싶어 하는 부모, 형제 등의 간절한 마음과 정이 느껴지기도 한다. 하지만 모든 친족이 같은 마음일 수는 없었다. 후사를 세우는 것이 워낙 중요한 문제이다 보니 입양을 앞두고 가족 간, 친족 간에 갈등이 생길 수도 있었다.

아들을 주지 않으려는 친족들

앞에서 살펴보았듯이, 조선 정부는 양자를 양부의 동성同姓 친족 가운데서 입양해야 한다고 규정했다. 하지만 매우 가까운 친족이거나, 양가養家의 사회적 지위나 재산이 필요하다면 모를까, 아들을 기꺼이 남에게 내어놓을 부모는 없었다. 양가의 절박한 사정과 생가生家의 입장은 얼마든지 다를 수 있었다. 그러니 대부분 생가의 목소리가 양가보다 더 크곤 했다.

대구 옻골 경주 최씨 일족인 최홍원崔興遠이 남긴 『역중일기曆中日記』를 통해 남의 아들을 데려와야 하는 가족의 간절함을 엿볼 수 있다. 1741년(영조 17) 가을, 최홍원이 친족 상갓집에 방문하여 조문하고 아침 식사를 하던 중이었다. 마침 최홍원의 집안 어른인 최현서의 노모가 이 자리에 방문하였다. 노모는 후사가 없이 사망한 아들에게 최여희라는 자의 둘째 아들을 입양시켜 가계를 이을 생각이었다. 그리고 친족들에게 이 입양을 도와 달라고 부탁하기 위해 상갓집에 온 것이었다. 하지만 상가에 모여 있던 일족의 어른들은 고민 끝에 입양에 동의하지 않았다. 가계를 이을 손자를 얻지 못한 노부인의 안타까운 눈물에 자리에 있던 사람들 모두 애처로운 마음이었다고 최홍원은 전한다.

조선 사람들의 가계 기록인 족보를 보더라도 양자를 구하기 쉽지 않았던 상황을 알 수 있다. 유력한 양반 가문의 족보에도 후사를 잇지 못한 것으로 기록된 가족들이 적지 않기 때문이다. 연안 이씨 관동파의 족보를 통해 18세기 초에 살았던 이순신李純臣이란 사람의 상황을 살펴보자. 그는 생전에 금천 강씨, 금주 박씨, 안동 권씨, 그리고 본관을 알 수 없는 박씨까지 무려 네 명이나 되는 아내를 두었다. 그가 네 번의 결혼을 했던 것은 세 명의 아내가 모두 일찍 사망하였기 때문이었겠지만, 세 번이나 다시 배우자를 들인 가장 큰 이유는 그에게 아들이 없었기 때문이었다. 네 명의 아내로부터 단 한 명의 아들도 얻지 못한 그는 결국 양자도 들이지 못하고 사망하였다.

사실 이순신의 후사가 되어 가계를 이어 줄 후보자는 가까운 데 있었다. 순신에게는 여러 형제가 있었고, 그 가운데 형 조신과 아우 형신은 각각 아들을 둘씩 두었기 때문이다. 따라서 두 형제 중 한 명이라도 아들을 순신에게 양자로 보낸다면 간단히 해결할 수 있는 일이었다. 하지만 순신의 조카들은 순신이 사망한 1750년(영조 26)으로부터 113년이 지난 뒤 편찬된 1863년(철종 14) 족보에도 삼촌의 후사로 기록되지 않았다. 끝내 조카의 입양이 진행되지 않았던 것이다.

연안 이씨 관동파 구성원 대부분이 서울이나 경기에 거주하다가 근처에 묻힌 것과 달리, 이순신과 그 부친, 그리고 형제들은 충남 서산 일대에 묻혔다. 따라서 이순신의 가족들은 그 부친 대에 친족들을 떠나 새로운 곳으로 거주지를 옮겼다고 생각할 수 있다. 대대로 살아오던 곳으로부터 멀리 떠나 이제 의지할 것은 형제와 조카들밖에 없었다. 그러나 그가 후사를 찾는 일에 형제와 조카들이 적극적으로 나서지는 않았던 것으로 보인다. 양부가 양자를 들이지 못하면 양모도 제사를 받기 어렵게 되기 때문에 위에서 살펴본 남호연의 사례처럼 처가에서 후사를 구하기 위해 나설 수도 있었다. 그러나 순신의 경우는 아내가 넷이나 되었기에 오히려 어느 배우자의 친정이 나서야 할지, 책임의 소재가 애매했을 가능성이 크다. 네 번의 결혼에도 아들을 얻지 못하고, 조카도 데려오지 못한 순신은 21세기에 편찬된 족보에도 여전히 무후無後, 즉 후사가 없다고 기록되었다.

이순신이 속한 연안 이씨 관동파는 서울 관동과 경기 가평, 용인 등지에 세거하면서 많은 관직자를 낸 것으로 유명하다. 그러나 관동파에도 순신처럼 양자를 구하지 못한 자들이 적지 않았다. 연안 이씨 족보 속 18세기와 19세기 전반에 태어난 자 가운데 아들을 낳지 못하고 양자도 구하지 못하여 가계를 잇지 못한, 즉 무후로 기록된 자들은 전체의 10%를 넘는다.[32]

양부가 서자일 경우, 양자를 들이지 못할 가능성은 더 컸다. 서자의 후사 자리에는 서자이거나 서자의 후손만 입양을 왔기 때문에 그 후보자의 범위가 좁아지는 것도 양자를 찾기 힘든 이유 중 하나였다. 하지만 더 큰 문제는 잘 알려진 대로 서자들이 사회적으로는 물론 가족 안에서도 차별을 받았기 때문이다. 서자들은 과거를 통해 관직에 진출하기가 거의 불가능했고 아버지로부터 적자 형제보다 더 적은 재산을 분배받았기 때문에 사회적·경제적 위상이 적자보다 낮을 수밖에 없었다. 그러니 입양 후보자들 입장에서도 서자 양부는 그리 매력적이지 않았다.

실제로 양부의 사회적 위상은 양자를 구하는 데 중요한 조건으로 작용한 듯 보인다. 아들을 구하는 양부가 서자일 때뿐 아니라 가족 중에서 장남이 아닐수록, 관직이 없을수록 양자를 구하지 못하고 족보에 무후로 기록될 가능성이 컸기 때문이다. 이는 앞에서 높은 관직에 오른 자들은 멀리서라도 자신이 원하는 양자를 골라서 데려올 수 있었던 상황과 대비된다.

양자를 둘러싼 가족 내 갈등

양자 선택권은 우선적으로 양부모에게 있었다. 남편이 사망했다면 입양 결정권은 기본적으로 양모가 될 과부에게 있었다. 이는 무엇보다 법으로 보장된 권리로, 양부모의 입장에서 양자의 선택은 당장 자신의 노후 생활은 물론, 가계의 미래를 결정하는 일이었기 때문이다. 비록 시간이 지나면서 가족 내에서 여성들의 위상이 조금씩 약해지고 입양에 대한 발언권이 줄어들었을 수는 있으나, 가까운 시대 식구들이라고 하더라도 과부가 거부하는 입양을 밀어붙일 수는 없었다. 정부에 제출된 입양 청원을 보더라도 청원자는 대부분 양부모였으며, 양부가 없을 경우에는 양모가 청원자가 되었다. 하지만 가족마다 서로 다른 복잡한 사정이 존재하는 것이 가족사의 매력이다.

앞에서 우리는 많은 양부모가 양자와의 정감 형성을 위해 가능한 가까운 친족에서 양자를 고르려 했음을 확인했다. 하지만 양자로 삼고 싶은 후보자가 꼭 가까운 친족 중에만 있을 리는 없었다. 촌수로는 가깝지 않더라도 평소에 가깝게 지내던 후보자가 있을 수도 있으며, 이를 양자로 삼는다면 부자간의 정감 형성에는 문제가 될 것 없었다. 추후 재산 분배에서 생길 수 있는 분쟁의 위험을 감수하고라도, 양부모는 자신이 더 가깝게 느끼거나 자신의 노후를 더 잘 보장해 주리라 여겨지는 자를 멀리서 데려올 수도 있었다는 말이다.

양자 선택에 관한 이야기는 아니지만, 실록에는 양부모에게 양자와의 정감이 얼마나 중요한 문제였는지를 잘 보여 주는 사례가 기록되어 있다. 1537년(중종 32), 중종은 장예원에 과부 손 씨의 사건 처리를 명령하였다. 손 씨는 남편을 잃은 뒤 남편의 조카 강여숙이란 자를 양자로 데려와 대를 잇게 하였다. 문제는 손 씨가 양자에게는 적은 재산을 주었으면서도 서녀, 즉 남편이 첩에게서 얻은 딸에게는 많은 재산을 주었다는 데 있었다. 서녀가 상속받은 노비만 150명에 달했다고 한다. 이 상황이 임금의 귀에까지 들어가 결국 중종이 법적으로 보장된 가계 계승자의 권리를 보호할 것을 명령하게 된 것이다. 어쨌든 손 씨는 양자로 들인 조카 강여숙보다 남편의 서녀를 훨씬 아꼈던 모양이다.

이렇게 누구를 입양할 것인가의 문제에서 가족 구성원들의 의견은 다를 수 있었다. 하지만 이는 가족 내부의 은밀하고 조심스러운 이야기였으므로 오늘날 우리가 알 수 없는 경우가 많다. 그러나 다행히도 한 관료가 가문 내 입양을 둘러싼 갈등을 묘사한 기록을 통해 그 단편을 엿볼 수 있다. 정조 대 무관으로 활약한 노상추盧尙樞가 자신의 일기에 집안 내에서 양자 선택을 두고 발생한 갈등을 소개해 두었기 때문이다.[33]

1781년(정조 5), 노상추는 성곡이란 곳에 살던 친족 어른이 사망했다는 소식을 들었다. 이 어른은 집안에 문젯거리를 남긴 채 사망했는데, 바로 후사를 정하지 못한 것이었다. 이 문제는 성곡 어른 생전에도 집안 내에서 이미 논의가 있어 노상해라는 자가 임시로 성곡 어른의 양자로 정해지기도 했다. 다만 입양되기로 한 노상해가 아들도 없이 요절해 버리면서 문제가 복잡해졌다. 더구나 이 입양은 정식으로 조정에 청원을 올려 허가를 받지도 않은 상내였기 때문에 법적 효력도 없었다.

성곡 족숙의 사망 소식을 들은 노상추는 초상집을 방문했다. 그가 도착했을 때, 마침 사망한 성곡 어른의 부인이 집안의 다른 어른인 백송 족숙에게 사정을 하고 있었다. 부인은 자신의 남편이 죽기 전에 지금의 양자를 파하고 새로운 양자로 가계를 이을 것을 부탁했다며 그 뜻을 이루어 달라고 사정하였다. 백송 족숙은 성곡 족숙모가 양자로 들이고 싶어 했던 노상오의 부친이었기 때문이다. 하지만, 요절했더라도 이미 입양된 양자가 있었기에 다시 양자를 입양하기보다는 노상해의 양자, 즉 양손을 입양하는 것이 좋겠다는 집안 어른들의 의견이 다수였다. 이에 따라 노경엽이란 자가 성곡 어른의 양손자이자 노상해의 양자로 입양되면서 문제가 잘 해결되는 듯했다.

하지만 5개월이 지나 다시 성곡 족숙모를 찾아간 노상추는 초상 때 양손자로 결정되었던 노경엽이 파양되어 본가로 돌아가게 되었다는 소식을 듣게 되었다. 이 파양을 주도한 것은 입양되었다가 요절한 노상해의 아내이자, 새로 입양된 노경엽의 양모였다. 이야기인즉, 그녀는 이 입양이 시아버지인 성곡 어른의 허락을 받은 것이 아니라며 양자 노경엽을 쫓아 버렸다는 것이었다. 어렵게 데려온 양손자를 파양시키자 시모인 성곡 족숙모는 불만이 많았다. 성곡 족숙모는 우선 며느리가 성곡 어른의 초상 이전에는 얼굴도 보이지 않았고, 상중에도 상복은 입었으나 빈소를 지키지도 않았다며 그녀의 행실을 비판했다. 또 이런 며느리가 집안 어른들이 양자로 결정한 노경엽의 입양 문제에 결정권을 가지려 하는 것은 도리에 맞지 않는다고 주장했다. 하지만 앞에서도 언급했듯이, 입양 결정은 양모가 될 과부의 의지가 가장 중요했다.

다음 해 정월, 성곡 족숙모는 노상추를 비롯한 일족을 불러 모았다. 그녀는 자신의 양며느리가 어렵게 들인 양손자를 파양했으나 이는 자신이 어찌할 수 없는 문제임을 인정하였다. 대신 족숙모는 사망한 노상해와 며느리를 파양하고 다시 양자를 들이겠다는 폭탄선언을 해 버렸다. 양손을 입양하는 문제에서는 며느리의 의견이 중요하지만, 양자 입양 문제에서는 성곡 족숙모의 의견이 가장 중요하다는 점을 이용한 것이다. 집안사람들은 성곡 어른의 집안 문제이기 때문에 이 결정에는 자신들이 참견할 수 없으며, 사실 노상해를 입양할 때 문서도 제대로 갖추지 못했으므로 족숙모가 결정하라고 대답할 수밖에 없었다. 이후 성곡 족숙모는 파양한다는 언문 편지를 며느리에게 보냈다.

시어머니와 며느리의 갈등 사이에서 애꿎게 몇 달 만에 파양을 경험한 노경엽은 사실 노상추와 각별한 관계였다. 노경엽은 노상추의 조카로, 노상추의 형이 일찍 사망한 뒤 노상추는 조카를 마치 친아들처럼 키웠던 것이다. 이렇게 애지중지하던 조카가 양조모와 양모 사이의 갈등으로 파양되어 돌아오는 일을 겪게 되자 노상추는 마음이 아팠다. 그는 이 복잡한 상황을 예법에 따라 해결하기 위해 예법에 해박하다고 알려진 조정의 대신들에게 문의했지만 결국 원하는 대답을 얻지 못했다.

지방관은 물론 중앙에서도 관직을 지낸 노상추는 가문의 핵심 인물이었다. 그런 노상추가 조카의 입양 문제에 전혀 힘을 쓰지 못하고 안타까워만 하는 모습은 입양 결정에 제삼자가 영향력을 행사하기가 어려웠음을 말해 준다. 또 시어머니가 입양했던 손자를 며느리가 파양시켰다는 점은 역시 입양에는 양부모의 의사가 절대적이었음을 보여 준다.

7

양자를 되돌리는 파양

파양은 본래 인륜에 어긋나는 행위였다

아들이 없어 양자를 들인 가족에게는 집안의 성공과 미래가 전적으로 새로 들어온 아들에게 달려 있었다. 하지만 양자가 기대에 못 미칠 뿐 아니라 오히려 문제를 일으킬 경우, 양부모의 고민은 깊어졌다. 만약 그 문제가 가계의 단절이나 가문의 위상에 타격을 줄 수 있다고 판단되면, 양부모는 최후의 수단으로 양자의 파양罷養을 결정했다. 그런데 『경국대전』에는 입양 규정은 있었으나 막상 파양에 관한 규정은 없었다. 또 부모를 바꾸는 입양이 국왕의 윤허를 받을 정도로 막중한 것이었으므로, 이를 되돌리는 것은 더 보통 일이 아니었다.

조선시대에 언제부터 파양이 있었는지는 정확히 알 수 없다. 여기서는 실록과 『승정원일기』에 등장하는 논란이 된 파양 사례들을 중심으로 파양이 발생하는 상황과 그로 인한 문제에 대해 살펴보도록 하겠다. 실록에서 보이는 흥미로운 파양 사례 중 하나는 1659년(효종 10), 유정柳頲의 파양 청원이다. 당시 사복시첨정이라는 관직에 있던 유정은 자신의 양자가 병에 걸렸으므로 그를 파양하여 시양자侍養子로 삼고 새 양자를 입양하여 가계를 잇도록 해 달라고 청원하였다. 시양자는 가계의 법적 계승자로 인정받는 양자와 달리 가계를 계승할 법적 권리가 없었다. 이 청원에 대해 담당 관서인 예조는 반대의견을 내었지만, 당시 임금이었던 현종은 그 청원을 허락하라는 지시를 내렸다. 그런데 유정이 입양하고자 하는 후보자의 생부인 유구柳頓라는 자가 이의를 제기하면서 일이 더 커지게 되었다. 유구는 생부인 자신의 허락도 없이 유정 마음대로 청원을 하였다고 주장한 것이다. 이에 대해 우승지였던 김수항은 부자 관계는 중요한 인륜人倫이므로 한 번 입양하였으면 친아들과 마찬가지이며, 양자를 바꾸는 것을 쉽게 허락한다면 앞으로 문제가 생길 것이라 주장하였다. 이에 현종은 자신의 명령을 거두어들였고, 유정은 병든 양자를 파양시키지 못했다.

하지만 피는 물보다 진한 법, 왕실 가족들에게 문제가 발생하면 국왕은 파양이라는 비상수단을 사용하였다. 1680년(숙종 6), 숙종은 "죄인 이혁李爀을 파양하여 본가로 돌아가게 하여 연좌緣坐되는 것을 면하도록 하라"라는 명령을 내렸다. 이혁의 양부는 인평대군의 셋째 아들 복창군 이정李楨으로, 숙종에게는 오촌 숙부이자 가장 가까운 종친이었다. 하지만 이 때문에 왕권을 위협하는 존재로 여겨졌고, 결국 역모에 연루되어 사사되었다. 숙종은 이 사건으로 복창군의 양자인 이혁이 연루되어 가계가 단절되는 것까지는 원하지 않았기에 파양을 명령했고, 그는 생가인 복녕군(복창군의 형)의 아들로 돌아가게 되었다. 숙종과 그의 부친 현종은 모두 독자였고, 당시 왕실 남성들의 수가 줄어들었기에 권력에 위협적인 복창군은 제거하더라도 나머지 자손은 보존하려 한 것으로 보인다.

파양은 극단적인 방법이었기에 처음에는 왕실의 가계 계승과 관련한 일들에서만 예외적으로 허락되었다. 낙천군 이온李縕과 그 양자 달선군 이영李泳의 사례는 가족 내 극단적 갈등으로 인한 파양 사례였다. 낙천군은 영조의 배다른 동생 연령군 이훤李昍의 양자였다. 낙천군 역시 아들 없이 일찍 사망하여 왕실에서는 양자를 세웠는데 그가 바로 달선군 이영이었다. 이영은 본디 덕흥대원군과 그 아들 하원군의 후손으로, 양부가 된 낙천군과는 13촌 관계였다. 양부 낙천군은 일찍 사망하였기에 양모인

달성 서씨가 이영을 양자로 맞이했다. 하지만 양모와 양자 부부는 좋은 관계를 맺지 못했다. 기록에 따르면 서 씨는 투기가 심하여 양자인 이영과 며느리인 거창 신씨를 괴롭혔다고 한다. 이영은 이를 참지 못해 결국 독약을 먹고 18세의 나이로 생을 마감했다. 이에 양모 서씨는 양자가 스스로 죽었으므로 파양시키고 새로 양자를 구해 달라는 청원을 올렸다. 조카며느리의 파양 청원을 받은 영조는 "서로 헐뜯고 이간하여 어머니는 어머니답지 못하고 아들은 아들답지 못하며 며느리는 며느리답지 못"함을 한탄했다. 그러나 하나뿐인 동생의 가계를 끊어지게 할 수 없었던 영조는 이영을 파양하여 본가로 돌려보내도록 명했다.

어쩔 수 없이 해야 했던 파양

이런저런 이유로 파양의 사례는 점차 많아지게 되었다. 결국, 영조 대『속대전續大典』「예전·입후立後」 조에는 파양할 수 있는 조건이 추가되었다. 『속대전』은 이미 남의 양자가 되었더라도 생가의 부모가 아들을 얻지 못해 제사가 끊어질 위기에 처할 경우, 입양 보낸 아들을 다시 데려오고 양가에서 다시 입후를 하도록 허가하였다. 동시에 심각한 범죄로 인한 파양의 사례도 누적되었다. 특히 그 범죄가 역모와 관계되었다면 가족들은 파양을 통해 관계를 확실하게 정리하고자 했다. 반역자의 후손이라는 낙인이 두려워 이미 사망한 자를 파양시키는 일도 벌어졌다.

이번에 살펴볼 가계는 선조의 부친, 덕흥대원군의 봉사손 가계이다. 덕흥대원군의 장남이자 선조의 큰형 하원군 이정李鋥으로 이어지는 이 가계는 불천위인 덕흥대원군의 제사를 맡아 지내 왔다. 하원군의 증손 이정한李挺漢은 아들이 없어 동생의 장남 이홍일李弘逸을 양자로 들여 봉사손으로 삼았다. 그리고 이 봉사손의 자리는 이홍일의 아들 이세정과 손자 이명좌李明佐에게로 이어졌다. 하지만 이명좌는 경종 대 노론과 소론의 갈등 속에서 발생한 신임옥사, 그 가운데서도 임인옥사에서 역모에 연루되어 처형당했다. 임인옥사는 노론이 경종을 시해하려 했다는 소론 측의 고발로 시작되었는데 이 사건에는 이홍일의 생가 동생인 이홍술李弘述이 핵심 인물로 등장하였다. 결국 이홍술이 역모로 처벌되면서 친형 이홍일의 손자인 이명좌까지 함께 연루되어 극형을 당한 것이다.

이명좌의 처형 이후 경종과 대신들은 덕흥대원군의 제사를 누가 지내야 할 것인지를 놓고 고민하게 되었다. 역적의 가족들에게 봉사손 자리를 맡길 수 없다는 이야기가 중론이었고, 결국 대신들은 이홍일의 파양을 결정했다. 당시 사망한 지 4년이 지

낳던 이홍일은 생가 친동생과 손자의 죄로 인해 파양을 겪게 된 것이다. 이홍일이 파양되면서 결과적으로 그 아들인 이세정과 손자 이명좌 역시 덕흥대원군 가계의 호적에서 파내져 버렸다. 이 결정 일주일 뒤 친족 가운데 이홍모李弘模라는 자를 골라 이정한의 양자로 들이고 덕흥대원군의 봉사손 자리에 앉혔다.

하지만 경종이 불과 몇 년 뒤 사망하고 영조가 즉위하면서 이들의 운명은 바뀌게 되었고, 이 가족의 이야기는 영조 1년 『승정원일기』 기사에 다시 등장한다. 영조가 대신들과 함께 선왕 경종 대에 역모로 몰려 처형된 노론 측 인물들의 신원을 의논하는 자리였다. 이 모임에서 영조는 다음과 같이 이홍일의 파양을 취소하고 그 후손들에게 봉사손의 자리를 되돌려주었다.

"이세정의 아들들이 모두 화를 입어 멀리 유배되는 바람에 남아 있는 자가 없어서 대원군의 제사가 끊어지려 하였으므로, 부득이 시골에 있는 사람을 어렵게 찾아내어 구차하게 봉사손을 구하였다. 하지만 이제는 그대로 내버려 둘 수 없으니 다시 이세정의 아들 이명회李明會에게 봉사손을 물려받게 하라."

—『승정원일기』, 영조 1년 3월 2일

이처럼 중앙에서의 정치적 격변은 죽은 자를 파양하였다가 다시 취소하는 웃지 못할 상황을 만들기도 했다. 그러면서 역모가 아니더라도 파양당하는 사례들이 늘어 갔다.

1743년(영조 19), 영조는 세자의 아내, 즉 세자빈을 고르고 있었다. 이 세자는 훗날 비극적인 죽음을 맞이한 사도세자로 당시 그는 9세였다. 영조는 그해 3월에 관례를 마치고 성인이 된 세자에게 빨리 배필을 얻어 주고자 했다. 영조는 세자빈 간택 명단을 서둘러 올리지 않는다는 이유로 관리들을 벌하면서, 좋은 세자빈을 얻기 위해 특별히 지시를 내렸다. 세자빈 후보자의 부조父祖 가운데 현관縣官, 즉 고위 관료가 없는 경우는 간택 명단에 넣지 말도록 한 것이다. 9월 29일에는 두 번째 심사에 들어갈 후보 처자들의 명단이 발표되었다. 여기에는 나중에 사도세자의 배우자가 된 혜경궁 홍씨와 함께 윤현동尹顯東이란 자의 딸도 들어 있었다. 이는 가문의 영광이었지만, 오히려 이 일로 인해 윤현동의 과거사가 임금의 귀에 들어가게 되었다.

윤현동은 윤득화의 아들로 태어났다. 윤득화는 과거에 급제하여 호조참의와 예조참판 등을 역임한 고위 관료로, 노론과 소론의 분쟁에서 노론 측에서 적극적으로 활동하며 영조의 탕평책을 반대하기도 했다. 혼인으로도 유력 가문들과 얽혀 있었는데, 당시 영의정이었던 김재로는 윤현동에게는 할머니 쪽으로 오촌숙이었다. 또 윤현동은 생가를 떠나, 선조의 딸 정혜옹주와 혼인한 윤신지의 봉사손으로 입양된 적이 있기에 왕실과도 관련이 있었다. 윤현동의 딸은 이러한 아버지의 출신 배경으로 인해 세자빈 재간택, 즉 두 번째 심사에까지 오른 것이다.

하지만 윤현동에게는 큰 흠이 있었다. 그는 이미 문제를 일으켜 윤신지의 봉사손 자리에서 파양당한 상황이었다. 세자빈 재간택이 본격적으로 진행되기 직전인 10월, 이 소식이 영조에게 보고되었다. 이를 보고한 인물은 조정에서 윤현동의 부친 윤득화와 대립 중이던 송인명이란 자였다. 송인명은 윤현동이 봉사손으로 입양 간 뒤 양모와 간음을 하여 파양되었고, 근래에는 선비들 사이에서 사람 취급을 받지 못하고 있다고 고발하였다. 이를 들은 영조는 분노하였고 결국 윤현동은 크게 망신을 당하고 그 딸은 재간택 명단에서 빠지게 되었다.

입양 문화는 시간이 지나면서 양반층을 넘어 다른 계층으로도 퍼져 나갔다. 입양이 흔해지자 그 절차도 간소해져, 국왕의 윤허를 받을 필요 없이 각 도 관찰사의 허가와 증명을 받는 양식으로 변해 갔다. 그러면서 지방에서도 다양한 파양 사례가 늘어갔다. 이번에는 오늘날 남아 있는 몇 장의 서류를 통해 19세기 지방에서 발생한 파양과 친족 구성원 간의 갈등을 살펴보자.

1861년(철종 12) 11월, 전라도 담양에 사는 유경집柳慶集 등이 담양부사에게 청원을 올렸다.[34] 입양과 파양을 두고 발생한 친족 내부의 갈등이 핵심 문제였다. 유경집은 자신의 육촌 유경인柳慶寅이 아들 없이 죽자 유영식柳渶植이란 자를 데려와 그의 양자로 삼았는데, 이제 파양하고 서원과 향교를 통해 지역 양반들에게 알렸으니 관에서도 파양을 증명해 달라고 청원하였다. 그가 주장한 파양 사유는 유영식이 양모를 봉양하지 않아 불효를 행했을 뿐 아니라, 양부 유경인의 첩과 패륜을 저질렀다는 것이었다. 그는 유영식을 파양하여 고향으로 돌려보냈으나, 혹시 유영식이 양가의 재산인 37두락의 땅에 흑심을 품을까 염려하여 부사를 통해 파양을 공증받으려 한 것이었다.

염려는 곧 현실이 되었다. 다음 해 3월, 유경집은 다시 부사에게 소지를 올렸는데, 그 내용은 파양당한 유영식이 지난 12월 밤, 몰래 가묘의 벽을 뚫고 들어와 선조들의 신주를 훔쳐 갔다는 것이었다. 아마도 신주를 볼모로 삼고 재산에 대한 소유권을 요청할 생각이었던 것으로 보인다. 이에 그는 유영식을 잡아 처벌하고 신주를 돌려 달라고 청원하였다.

유교의 나라 조선에서 유영식의 패륜은 그냥 넘어갈 수 있는 문제가 아니었다. 부사는 아마도 곧바로 유영식을 체포하려 하였을 것이다. 이후의 상황은 파양당한 뒤 문제를 일으킨 유영식이 유씨 문중에 보낸 수표手標, 즉 보증서를 통해 알 수 있다.

유영식은 자신이 13촌숙에게 입후되었으나 죽을죄를 지어 파양되었으며, 신주를 몰래 훔쳤음을 인정하였다. 또 이후 관에서 장교가 나와 잡아가려 하였기에 곧바로 신주를 되돌려주었다고 하였다. 추가로 그는 앞으로는 자신이 파양당한 일에 대해 원한을 품지 않겠다면서 이를 증명하기 위해 수표를 만들어 보낸다고 적었다.

양가를 택할 것인가, 생가를 택할 것인가

조선 후기 입양의 관행은 점차 여러 계층으로 퍼져 나갔다. 파양은 입양보다 쉽지 않았지만, 가족사와 세상사가 복잡한 만큼 파양의 사례도 다양해졌다. 이처럼 가족 구성원 사이에 다양한 감정과 이해관계, 그리고 범죄 등의 문제가 뒤얽히면서 조선 후기 입양과 파양의 사례들은 더 복잡해졌다. 여기서는 파양 사례를 통해 눈앞의 이익과 부자의 의리 사이에서 조선 후기 사람들은 어떤 고민과 선택을 하였는지 살펴보도록 하자.

효종이 아끼던 셋째 딸 숙명공주는 심익현과 혼인하여 아들 심정보沈廷輔를 낳았다. 하지만 심정보는 아들이 없어 양자를 들이게 되었는데, 이렇게 데려온 양자 심사순沈師淳의 생가 쪽 상황이 훗날 문제가 되었다. 심사순 역시 아들을 두지 못해 또 심일진沈一鎭이라는 자를 양자로 들였다. 불천위 숙명공주와 효종 부마 심익현의 봉사손이 된 심일진은 아들을 낳았고 비로소 입양 없이 가계가 이어지게 되었다. 더구나 심일진이 낳은 심익운沈翼雲이 문과에 급제한 뒤 영조가 그를 파격적으로 이조좌랑에 임명할 때까지는 이 가문에 다시 영광이 찾아오는 듯했다.

그런데 당시 이조의 판서였던 민백상이 심익운을 이조에 배치하라는 영조의 명에 반대하면서 문제가 발생했다. 그 이유는 심익운이 역모 사건에 연루되었던 심익창沈益昌의 후손이라는 데 있었다. 이 사건은 당시 소론계 인물들이 세제였던 영조를 살해하려 계획하였는데, 이를 눈치챈 세제가 자신을 죽이려고 한 인물들을 고발하면서 간신히 살아난 사건이었다. 경종이 사망하고 영조가 즉위하자 영조는 자신을 죽이려 했던 인물들의 배후를 다시 조사하였는데, 이때 사건에 깊이 관련된 것으로 밝혀져 처형된 인물 가운데 심익창이 있었다.

과거에 급제한 심익운의 입장에서는 억울한 점이 있었다. 역적 심익창은 사실 자신의 조상이 아니라 자신의 부친이 양자로 들어간 심사순의 생가 쪽 조부였기 때문이다. 심익운은 자신과는 피도 섞이지 않은, 양조부의 생조부가 역적이라는 사실 때문에 출세의 길이 일순간에 꼬이는 상황을 받아들이기 힘들었다.

심익운 가족은 고민 끝에 기발한 방법을 찾아냈다. 역적 심익창의 손자이자 자신의 양조부인 심사순을 파양하기로 한 것이다. 그리고는 부친 심일진의 생부 심중은을 양중조부의 양자로 다시 입양하였다. 이 방법대로라면 심익운은 숙명공주 불천위의 봉사손 지위를 유지하면서도 역적 심익창과의 관계를 벗어 버릴 수 있었다. 다만, 심일진은 이미 사망한 양부를 파양시키는, 인륜에 어긋나는 행위를 한다는 사회적 비판을 받을 수도 있었다. 이 가족은 단호하게 행동했다. 심익운은 자신의 양조부인 심사순을 파양시키고 대신 생조부인 심중은을 입양시켜 달라며 자신의 손가락을 잘랐고, 그 아비 심일진 역시 혈서를 써서 임금께 올렸던 것이다.

금시초문의 파양 청원에 대해 신하들은 반대의견을 개진했다. 입양이 결정되면 부자의 의리가 정해진 것인데, 이제 와서 출세를 위해 그 의리를 버리면 되느냐는 것이 비판의 핵심이었다. 또 이미 죽은 자를 파양하는 경우는 없다는 것도 중요한 이유였다. 논란 끝에 영조는 이 가족의 청원을 허가하였다. 하지만 여러 차례 심익운을 관직에 등용하라는 명령이 내려졌음에도 관리들의 인사를 책임지는 이조에서는 그에게 좋은 자리를 내주지 않았다. 자신의 출세를 위해 '아비(심일진)로 하여금 할아비(심사순)를 바꾸게 한 자'라는 꼬리표가 따라다녔기 때문이다.

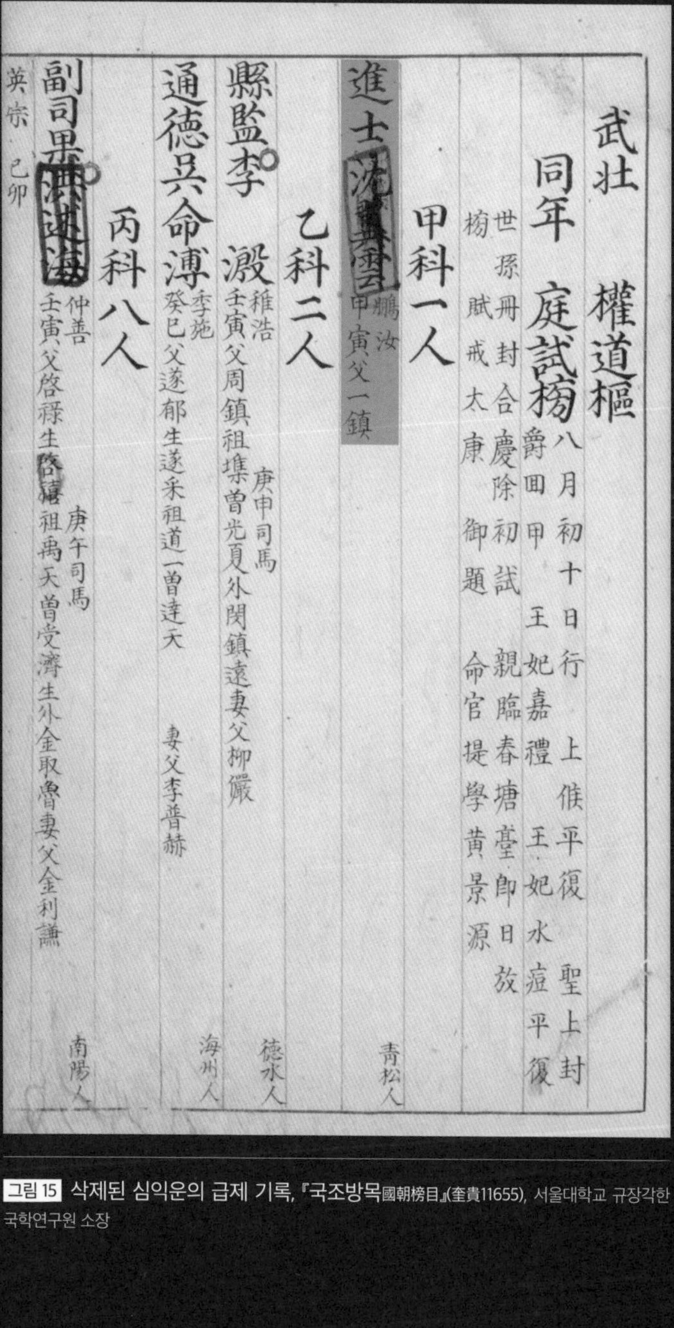

武壯　權道樞

同年　庭試榜　八月初十日行　上催平復　聖上封
爵册甲　王妃嘉禮　王妃水痘平復
榜賦戒太康　親臨春塘　卽日放
御題　命官提學黃景源

甲科一人

進士沈■■■鵬汝　甲寅父一鎭
世孫冊封合慶除初試

乙科二人

縣監李　澂　稚浩　庚申司馬　壬寅父周鎭祖埰曾光夏外閔鎭遠妻父柳儼　海州人

通德吳命溥　李苑　癸巳父遂郁生遠采祖道一曾達天　妻父李普赫　德水人

丙科八人

副司果沈■■■仲善　庚午司馬　壬寅父啓祿生啓權祖禹天曾受濟生外金取魯妻父金利譓　南陽人

英宗　己卯

青松人

그림 15 삭제된 심익운의 급제 기록, 『국조방목國朝榜目』(奎貴11655), 서울대학교 규장각한국학연구원 소장

훗날 심익운은 제주로 귀양을 가게 되는데, 이때에도 인륜을 저버린 자라는 죄목이 따라붙었다.

파양이 가능해졌다고 해서 선호되었던 것은 결코 아니다. 조선 정부가 양자의 입양에 임금의 최종 결재가 필요하도록 한 것은, 아비와 할아비를 바꾸는 것이 인륜과 관계된 중요한 일이라 여겼기 때문이다. 한번 입양이 결정되면 새로이 정해진 부자의 의리는 하늘에 속하게 된다고 믿었기에, 사사로운 이익에 따라 파양을 하는 행위는 인륜을 손상시키는 심각한 문제로 여겼다. 파양을 원하는 청원이 조정에 올라오더라도 쉽게 허락이 떨어지지 않은 이유도 바로 여기에 있었다. 출세를 위해 양조부의 파양을 시도한 심익운과 이를 허락한 영조의 사례는 두고두고 좋지 않은 선례로 언급되었다.

파양을 통보받는 개인들의 상황은 어떠했을까. 파양의 명령은 이미 정해진 부자의 의리를 바꾸는 것이었으니 따르기가 쉽지만은 않았으리라 짐작할 수 있다. 다음 사례는 임금이 명한 파양의 명령을 당사자가 끝까지 거부한 경우이다.

김동필金東弼이란 자는 앞서 언급한 심익창이 연루된 역모 사건을 고발한 사람이다. 김동필에게는 아들이 여럿 있었기에 그 가운데 하나를 후사가 없었던 자신의 사촌 형제 김동혁에게 입양시켰다. 사실 김동혁의 후사가 되는 것은 그리 나쁜 선택이 아니었다. 양모가 될 조씨 부인의 친정이 대단한 집이었기 때문이다. 조 씨의 친정아버지는 숙종 대 후반부터 소론의 지도자로 정계에서 활약하다가 경종이 즉위한 뒤에는 영의정에 오른 조태구였다. 이 집의 양자가 된다면 영의정의 양외손이 되는 것이니 손해 볼 것 없는 것처럼 보였다. 경종이 생각보다 일찍 사망하기 전까지는 말이다.

사실 조태구가 영의정이 되는 과정에서는 피바람이 몰아쳤다. 조태구는 일명 신임옥사로 알려진, 경종 대 노론과 왕세제에 대한 소론 측의 대대적인 공격을 주도한 인물이었다. 이 공격으로 당시 노론을 이끌던 영의정 김창집과 여러 대신이 사사되었고, 그 바람에 조태구가 영의정 자리에 앉게 된 것이었다.

문제는 경종이 얼마 뒤 사망하고 소론이 견제하던 왕세제가 왕위에 오르면서 시작되었다. 이렇게 즉위한 영조는 천천히 선왕 치하에서 자신과 노론을 공격했던 자들을 심판하기 시작하였다. 여느 양반 자제들처럼 과거에 급제하고 관료가 될 날을 꿈꾸던 김광진에게 영조의 즉위는 날벼락이었다. 양외조부인 조태구가 영의정에서 일순간에서 역적으로 전락하면서, 그 직계 후손들은 물론 법적으로 외손인 자신의 벼슬길도 막혀 버렸기 때문이다. 앞의 심익운은 출세를 위해 돌아가신 양조부도 파양하는 판이었으니, 자신의 입양을 파기하여 다시 본가로 돌아가는 것도 생각해 볼 수 있었다. 하지만 김광진이 파양을 시도하였다는 기록은 보이지 않는다. 그는 영조가 즉위한 지 11년 뒤인 1735년(영조 11), 진사시에 붙었는데, 당시 부친을 양부 김동혁이라 기록하였기 때문이다.

김광진에게 도움의 손길은 의외의 곳에서 나타났다. 김광진의 양외조부 조태구를 역적으로 규정한 영조가 김광진의 안타까운 상황을 직접 언급한 것이다. 1755년(영조 31), 즉위 35년을 맞이한 영조는 김광진의 생부 김동필을 자신이 잘 알고 있다며, 억울하게 벼슬길이 막힌 김광진을 파양하여 본가로 돌아가게 할 것을 명했다. 사실 김동필은 경종 대 세제로서 소론의 공격을 받고 있던 연잉군을 옹호하는 상소를 올려 처벌당했던 인물이었다.

영조가 김광진의 상황을 알게 된 경로는 그의 누이와 관계가 있었으리라 여겨진다. 영조가 아끼던 동생 연령군의 배우자가 바로 김광진의 누이였던 것이다. 연령군은 숙종의 막내아들로 영조에게는 배다른 동생이었지만 왕자 시절 영조와는 각별한 관계였다. 그리고 연령군이 21세의 젊은 나이로 후사도 없이 사망하자 그의 상례를 주관한 것은 연령군의 부인 김 씨와 김광진의 증조부였다. 왕위에 오른 영조는 너무 일찍 세상을 뜬 아우를 기억하며 그의 묘에 제사를 올리게 하곤 하였다. 아우에

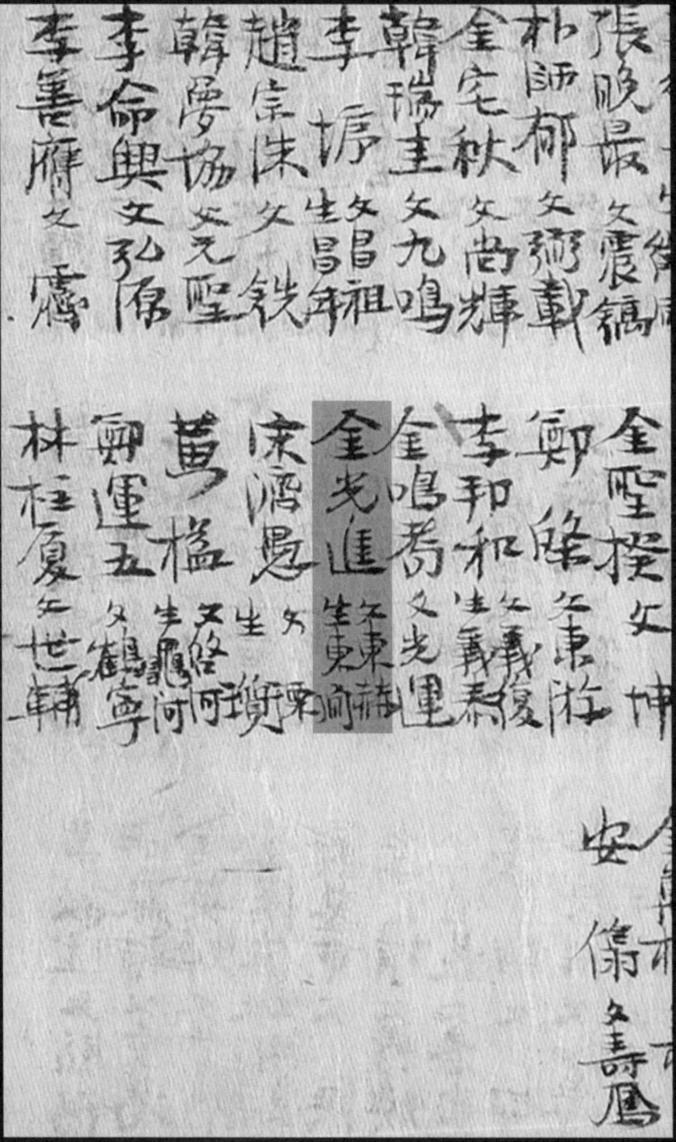

張晚最 父震鎬

金宅秋 父尚鳴

朴師郁 父彌輝

韓瑞圭 父九祖

李墀 父昌铁

趙宗洙 父元聖

韓夢協 父弘源

李命興 父弘源

李善膺 父膺

金聖揆 父坤

卿絲絳 父東班

李邦和 父光里

金鳴壽 父東祐

金光進 父東向

宋濬恳 父冰河

萬植 父鶴寧

卿運五 父鵲河

林柱夏 父世輔

安儒壽鷹

그림 16 김광진의 부친이 양부인 동혁으로 기록되어 있는 『사마방목』, 『국조연방國朝
蓮榜』(奎12230) 「을묘식년생원진사방乙卯式年生員進士榜」, 서울대학교 규장각한국학연구원 소장

대한 그리움이 아우의 처남 김광진에 대한 안타까움으로 이어진 것은 아닐까.

흥미로운 것은 파양을 명받아 드디어 역적의 외손자 신세에서 탈출할 수 있게 된 김광진의 반응이다. 오히려 김광진은 신문고를 치면서 파양의 명령을 거두어 달라고 청원했기 때문이다. 그런데 김광진의 청원에 영조가 답하기 전, 김광진의 양모이자 조태구의 딸인 조 씨가 사망하였다. 실록은 영조의 명령이 거두어지지 않았기에 양모의 상을 주관하지 못한 김광진이 몹시 슬퍼하여 죽으려 하였다고 기록하였다. 이 상황을 본 영조는 김광진의 소원대로 파양의 명령을 취소하여 부자父子의 윤리를 보존시키도록 하였다. 더욱이 영조는 그의 효심을 높이 사 양모의 상을 마친 후 벼슬을 내리도록 명령하였다.

비록 피 한 방울 섞이지 않은 양자지만 양부모에 대한 의리를 중요시한 김광진의 사례는 바로 다음 해에 벌어진 심익운의 양조부 파양 소동과 완전히 대비되는 사례였다. 하늘의 응보였을까. 양조부를 바꾸어 관직 생활을 시작한 심익운은 훗날 정조가 되는 세손의 대리청정을 반대하다가 죄를 입어 유배되었으며, 왕위에 오른 정조에게 매우 요사스러운 인물이라는 평가를 받아 다시는 관직에 오르지 못한 채 사망하였다.

8

조선의 입양은
어떻게 변화했을까?

입양 규정은 어떻게 변화했을까?

입양 관련 규정은 15세기 후반 편찬된 『경국대전』으로 확정되었다. 하지만 다양한 유형의 입양이 누적되면서 입양 대상이나 양자의 위상과 관련한 여러 논쟁이 벌어졌고, 그 결과 기존의 법을 보완하는 규정들이 마련되었다. 조선의 현실에 맞는 예학禮學을 설계하려던 유학자들의 노력도 이러한 변화와 맞물려 있었으며, 사회와 경제 영역에서의 변화가 그 바탕에 있었다.

『경국대전』의 규정에 따르면 생가와 양가, 양쪽의 부모가 모두 합의하여야 입양에 이를 수 있었다. 따라서 원칙적으로 한쪽 부모가 모두 사망한 경우에는 입양이 불가능했다. 하지만 법이

정해진 지 얼마 지나지 않아 예외적인 사례가 등장하기 시작했다. 특히 왕실 가족의 계승을 위해 법이 정한 원칙을 깨는 사례들이 나타난 것이 변화의 중요한 계기가 되었다.

1528년(중종 23), 양돈楊墩은 형이 자신의 아들을 입양해 가겠다고 약속했으나 입양을 완료하기 전에 사망하였으니 부디 입양을 진행시켜 달라는 청원을 올렸다. 그러면서 그는 이전에도 왕실 가족인 수안군 이당李讜이 한쪽 부모가 사망했음에도 특별히 입양을 허락받았던 사실을 거론하였다. 이에 당시 임금이었던 중종은 앞으로는 한쪽 부모가 사망했더라도 사망 전에 입양하기로 서로 합의하였다면 입양을 허가하라고 명령하였다. 당시 중종은 연산군의 잘못과 반정의 정당성을 부각시키기 위해 규정에 어긋나더라도 연산군에게 처형된 사람들의 후사를 세워 주는 입양을 허가하였는데, 이는 후대에 예외적인 입양을 증가시키는 선례가 되었다.[35] 그리고 중종의 명령은 훗날 편찬된 『대전통편大典通編』에 추가되었다.

명종 대에도 입양 관련 규정이 수정되었다. 1544년(중종 39), 명종은 친부모의 제사가 끊어지면 입양 간 아들을 친가로 돌려보내 제사를 잇게 한다는, 우리가 앞에서 살펴본 파양과 관련된 수교를 내렸다. 『경국대전』의 규정 중 타인의 지자, 즉 장남을 제외한 아들을 입양해야 한다는 부분은 양자를 들이고 싶어 하는 많은 양부모의 속을 태우는 규정이었다. 점차 이 규정에 어긋나지만, 특별히 허가받는 사례가 많아지자, 1573년(선조 6), 예조에서는 매번 특명으로 이러한 상황을 해결하지 말고, 종손의 경우에는 남의 장남을 양자로 삼을 수 있도록 법을 제정하자고 건의하였다. 비록 당시 이 조항이 입법화되지는 않았으나, 늘어나는 입양의 수요와 양부모들이 원하는 바를 예조가 인지하고 있었음을 알 수 있다.

1553년(명종 8)에는 또 다른 중요한 규정이 만들어졌다. 이선李墡이란 자는 아들이 없어 이한항李漢恒을 양자로 들였다. 그러나 이 입양 이후 이선은 후처에게서 친자를 낳았고, 이선이 죽자 후처는 자신이 낳은 친자가 가계를 이을 수 있도록 양자를 파양시켜 달라는 청원을 올렸다. 예조는 이를 허락하였으나, 사헌부에서는 이 파양이 의리로나 법적으로나 옳지 않은 일이라고 주장하였다.[36] 이에 대해 명종은 사헌부의 손을 들어 주었다. 일단 입양이 결정되었다면 부자 관계가 성립되었으므로, 비록 훗날 친자가 태어나더라도 양자를 친자와 동등하게 대우해야 한다는 취지였다. 그러나 명종은 나중에 태어난 친자가 제사를 지내고 양자는 차자次子, 즉 둘째 아들이 되어야 한다고 결정하였다. 이 수교는 예조에 내려졌다가 이후 법으로 세워졌다. 수교 이전까지는 양자들이 뒤이어 태어나는 친자들 때문에 파양을 당하거나 재산권이 축소되는 어려움을 겪었으리라 예상할 수 있다.

위의 규정은 새로 태어난 친자의 존재로 인해 양자가 파양되는 상황을 막을 수는 있었지만, 양자보다 훨씬 어린 친자가 가계를 계승하여 제사를 주관하게 된다는 문제가 있었다.[37] 따라서 이 규정은 논란을 낳았고, 1669년(현종 10), 현종은 "이미 양자가 있는데 자신의 친자로 제사를 주관하게 하는 것은 제도에 크게 어긋나니 제도를 다시 정하라"라는 명령을 내렸다. 그 결과 영조 대 편찬된 『속대전』에서는 다음과 같이 규정하여 양자의 법적 권한과 제사권에서의 우위를 못 박았다.

> "무릇 아들이 없어 입후를 한 자가 이미 허락을 받았다면 비록 혹시 친자를 낳더라도 이를 둘째 아들로 삼고 양자로 제사를 봉사하게 한다."
>
> —『속대전』「예전·봉사」

이처럼 입양을 규제하던 조건들이 하나씩 사라지고 보완되면서 입양은 더 쉬워졌다. 그리고 1680년, 『신보수교집록新補受教輯錄』에서 숙종은 지방에서 진행되는 입양의 경우, 굳이 한양까지 올라와 예조에 입안을 받을 필요 없이 각도의 관찰사에게

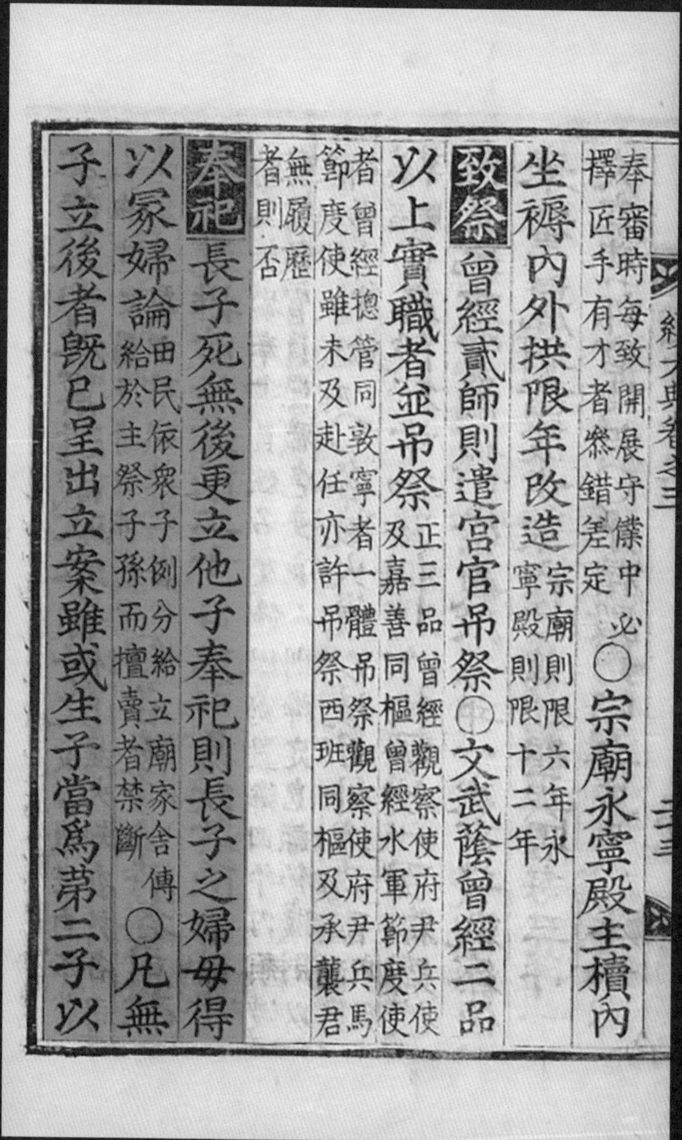

奉審時每致開展守傔中必○宗廟永寧殿主樻內
擇匠手有才者然錯差定宗廟則限六年永
坐褥內外拱限年改造寧殿則限十二年

致祭 曾經貳師則遣宮官吊祭○文武蔭曾經二品
曾經親察使府尹兵使
水軍節度使府尹兵馬
節度使一體吊祭觀察使府及承襲君

以上實職者並吊祭 正三品曾經
觀察使府及
嘉善同樞
西班同樞

者曾經摠管同敦寧者一體吊祭
節度使雖未及赴任亦許吊祭
者無歷歷
者則否

奉祀 長子死無後更立他子奉祀則長子之婦毋得
以衆婦論 給田民依衆子例分給立廟家舍傅
給於主祭子孫而擅賣者禁斷 ○凡無
子立後者既已呈出立案雖或生子當爲第二子以

그림 17 『속대전』(奎1926) 「예전·봉사」, 서울대학교 규장각한국학연구원 소장

신고하도록 명하였다.

입양 관습은 어떻게 변화했을까?

　앞서 살펴본 입양 규정의 변화는 입양 관습의 변화에 뒤따라 진행된 것으로 보인다. 고려에서부터 이어진 조선 초의 타성 입양 관습, 즉 수양자나 시양사 중심의 입양 문화는 점차 동성同姓 중심의 입양 관습으로 변화하였다. 학자들은 이러한 변화가 주로 16-17세기에 진행되었다고 설명한다.[38]

　이러한 변화는 임진왜란을 전후하여 시작되었고, 입양 관습뿐 아니라 여러 측면에서 발생하였다. 한반도의 오랜 관습이었던 처가살이가 점차 사라져 양반 남성들은 혼인 후 자신이 살던 친가 근처에 머물면서 혼인 생활을 하게 되었다. 그 결과 처가살이를 하러 들어온 여러 성씨가 뒤섞여 살던 마을은 점차 한두 성씨가 모여 사는 마을로 바뀌어 갔다. 이런 마을은 식민지기에 더욱 확대되었는데 이를 동성마을, 동족마을이라 한다. 부계 친족들은 모여 살게 되면서 다른 성씨에게 마을의 토지를 넘기지 않도록 주의하기 시작했다.

　재산상속과 제사 승계에도 변화가 생겼다. 조선 전기까지 아들과 딸은 부모의 재산을 골고루 상속받았고 제사도 돌아가며 지내야 했다. 하지만 변화가 시작되면서 타성, 다른 마을로 시집가는 딸들에게는 재산 배분이 줄어들었고 자연스레 제사는 아들들, 그중에서도 맏아들의 몫이 되어갔다. 친족 관계는 마을에 함께 모여 살면서 제사와 재산을 관리하는 아들들 중심으로 재편되었고 이것이 우리가 익숙한 부계 중심의 가문으로 발전하였다. 성리학적 의례의 수용이나 처가살이에서 시댁살이로의 변화에서부터 아들 중심으로의 친족 관계 재편까지, 임진왜란을 전후하여 벌어지기 시작한 변화 가운데 어느 것이 먼저 거대한 변화의 흐름을 추동했는지는 아직 명확하지 않다. 하지만 분명한 것은 16세기와 17세기에 발생한 전란을 겪으며 다양한 변화들이 연쇄적으로 발생하였고, 이것이 우리가 기억하는 전통적인 가족문화와 관습을 만들었다는 점이다.

거대한 변화의 흐름은 입양 관습의 변화와도 큰 관련이 있었다. 양자의 선택과 입양 절차에서 중요한 역할을 차지하던 양모, 양모의 친정, 그리고 양부의 외가 등의 양자 선택에서의 영향력이 점차 축소되었다. 자연스레 입양은 부계 친족들이 주도하게 되었다. 이렇게 친족들의 합의에 따라 결정된 양자의 지위는 친족 내부에서 더 확고해졌다. 앞에서 살펴본 양자의 권한이 법적으로 안정되어 가는 경향도 이러한 맥락과 맞닿아 있었다.

이렇게 양자의 지위가 확고해지면서 양자 본인이나 아들을 보내는 측에서도 입양은 좋은 기회가 될 수 있었다. 입양은 점차 늘었고, 이전 족보에서는 흔히 보였던, 아들이 없는 자들도 점차 사라지게 되었다.

아울러 조선 전기에는 생각할 수 없었던 다양한 방법의 입양이 등장하기 시작했다. 『경국대전』에서는 금지했던, 한쪽 부모가 사망하거나 심지어 양쪽 부모가 모두 사망한 뒤의 입양도 많아졌다. 이 경우는 부계 친족들의 주도로 입양이 진행되었다. 이렇게 이미 사망한 양부모가 양자를 들이는 것을 사후死後 입양이라 한다. 이러한 변화를 반영하여 정조 대에 편찬된 『대전통편』은 한쪽 부모가 사망한 경우의 입양을 허락했고, 고종 대에 편찬된 『대전회통大典會通』은 양쪽 부모가 모두 사망한 경우에도 입양을 허락하도록 변경되었다.

차양자次養子와 백골양자白骨養子도 조선 후기에 나타난 독특한 입양 유형이었다. 차양자는 아들 항렬이 아닌 형제 항렬인 자를 우선 양자로 삼았다. 이렇게 들어온 차양자가 제사를 계승하다가 그가 아들을 낳으면 비로소 이 아들로 하여금 제사와 가계를 계승하게 하고, 차양자는 파양하여 돌려보내는 복잡한 방법이었다. 이 방법은 당장 아들 항렬에 마땅한 후보자가 없는 경우 어쩔 수 없이 진행되는 입양이었다. 백골양자는 표현 그

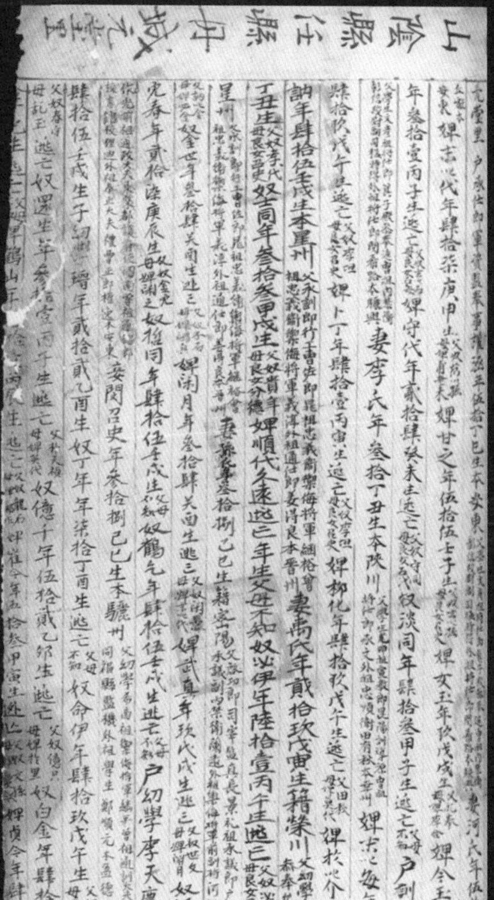

그림 18 1606년 『산음장적』 속 단성의 호적, 『선조삼십구년병오산음장적宣祖三十九年丙午山陰帳籍』(奎14820), 서울대학교 규장각한국학연구원 소장

대로 이미 백골이 된 죽은 자를 입양하여 아들로 삼는 방법이었다. 이 역시 아들 항렬에서 입양 대상을 찾지 못할 때 발생하곤 했다. 가계 계승자로 아들 항렬이 아닌 손자 항렬에 해당하는 자를 입양하고, 이미 사망한 그의 부친을 아들 항렬에 함께 입양하는 것이었다. 따라서 이 경우는 아들과 손자의 입양이 한꺼번에 진행되었다.[39] 이와 같은 변칙적인 입양의 방법들은 당시 양반들의 가계 계승과 양자 입양 욕구가 얼마나 강하였는지와 함께, 마땅한 양자를 찾아 데려오는 일이 얼마나 쉽지 않았는지를 잘 말해 준다.

입양 관습의 변화 가운데 흥미로운 변화는 입양 등의 양반층 가족문화가 다른 계층으로 확산되었다는 점이다. 조선시대 경상도 단성현의 호적대장을 이용한 연구에 따르면, 단성 호적에 기재된 남성 가운데 양자의 수는 조선 후기 약 2백 년간 크게 증가하였다. 특히 단성 지역의 양반들 사이에서 양자의 수가 증가하는 모습이 두드러졌는데, 당시 단성의 주요 양반 가문이었던 안동 권씨 중에서는 양자의 비율이 8.8%에서 15.4%로 증가하였다. 하지만 비단 양반 가문들뿐 아니라 다양한 계층에서 양자를 들이는 문화가 자리 잡은 모습도 확인되었다. 18세기부터는 입양 문화가 점차 양반이 아닌 계층으로 확산하였다. 양반이라고 할 수 없는 서자庶子와 그 후손인 서파庶派에서도 양자가 증가하였고 중간층에서도 양자가 나타나기 시작했다. 다만 하층민에서는 양자가 드물었으며, 입양하더라도 가계 계승을 위한 동성 지자의 입양이라기보다는 일시적으로 타성을 입양하는 수양 또는 시양의 경우였다. 하지만 19세기에 들어와서는 하층에서도 가계 계승을 위해 양자를 들이는 가족의 수가 증가하였다. 호적에 기록된 양자들의 정보는 상층 문화인 입양 관습이 점차 하층에까지 확산하는 과정을 잘 보여 준다.[40]

제사를 지낼 아들이 없으면 친족을 입양하여 양자 삼는 관습은 식민지기는 물론 1970년대까지도 계층과 관계없이 널리 행해졌다. 소수의 양반층에서 시작한 입양 관습이 수백 년에 걸쳐 한반도의 일반적인 가족문화로 자리 잡는 데에는 300년 정도 걸렸던 것이다. 하지만 이렇게 퍼져 나간 입양 문화가 불과 수십 년 만에 거의 사라지게 되었다는 사실은 더 많은 궁금증을 불러일으킨다.

9

아들 교환은 어떻게
친족을 확대했을까

아들 교환으로 강화되는 부계 친족

　이 책은 제목에서 조선시대의 입양을 '양반의 아들 교환'이라고 표현했다. 양반들은 아들이 없을 때 입양을 했기 때문에, 교환이라는 표현이 아들을 서로 맞바꾸었다는 의미는 아니다. 입양을 교환으로 표현한 것은 양반들이 친족 집단 내에서 계승과 성공, 그리고 목적에 따라 아들을 주고받았던 상황을 표현하기 위해서였다. 실제로 아들을 빌려 간 쪽에서는 후대에 다시 양자를 돌려보내어 후손을 되갚기도 했는데, 구체적인 상황들을 살펴보면 '교환'이라는 표현이 조선 후기 입양을 얼마나 잘 표현하는지 이해하게 된다. 이 장에서는 친족들이 이렇게 자손을 '교환'하는 모습을 살펴보도록 하겠다.

먼저 연안 이씨 관동파 구성원들이 세대를 거쳐 자손을 교환하는 사례를 들여다보자. 연안 이씨 관동파의 파조派祖인 이정구에게는 8명의 손자가 있었고, 관동파는 이 손자들 대에 다시 8개의 지파로 분화하였다. 그 가운데 6번째 파의 이의조李儀朝에게는 아들이 없었다. 그에게는 동생도 없었기에 그나마 혈연적으로 가까웠던 7번째 파의 이태조李泰朝에게서 아들을 데려왔다. 이리하여 이태조의 네 아들 가운데 차남 화신華臣이 6번째 파의 대를 잇게 되었다. 6번째 파로 입양된 화신은 두 아들을 낳아 성공적으로 가계를 계승하게 되었다. 그런데 이번에는 화신의 생가 쪽, 즉 7번째 파에 문제가 생겼다. 화신의 생가 쪽 동생인 탕신湯臣이 아들을 낳지 못해 가계가 끊어지게 된 것이다. 이에 화신은 자신의 두 아들 가운데 차남인 문보文輔를 7번째 파, 생가 동생의 양자로 입양시켜 대를 잇게 하였다. 빌려왔던 아들을 다음 대에 되갚은 것이다. 하지만 양자로 간 문보 역시 딸 하나를 낳고는 아들을 얻지 못했다. 이에 화신은 손자 가운데 광원廣源을 생가 동생의 양손이자 입양 보낸 자신의 둘째 아들에게 들여보내 가계를 보존시켰다. 화신은 자신의 아들과 손자 대에 한 번씩 생가 측으로 입양을 보낸 것이다. 당시 7번째 파의 이탕신과 이문보의 관점에서는 혈연적으로 더 가까운

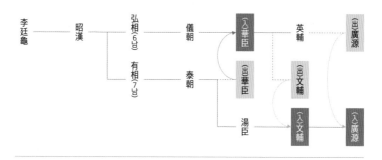

그림 19 연안 이씨 관동파의 아들 교환(점선은 입양 보낸 아들과의 관계)

후보자들이 있었지만, 이화신은 생가에 대한 책임감 때문에 굳이 멀리서 아들과 손자를 입양시킨 것으로 보인다. 이렇게 관동파의 6번째 파는 7번째 파로부터 17세 계승자를, 그리고 7번째 파는 6번째 파로부터 18, 19세 계승자를 얻어 와 가계의 단절을 막았다. 이것이 바로 조선 후기 양반층 아들 교환의 전형적인 사례라 하겠다.

앞서 우리는 안동 김씨의 종손으로 입양되었던 김건순이 천주교 신앙 문제 때문에 처형당하고 파양되었다는 사실을 살펴보았다. 이번에는 김건순의 사망 이후 새로 데려온 양자와 그 후손에서 보이는 아들 교환 사례를 살펴보자. 김건순이 파양된 뒤 그 양부 김이탁은 11촌 조카 김면순金勉淳을 입양하였다. 사실 김이탁은 김건순 처형과 파양 당시 이미 사망한 상태였으므로, 새로 봉사손을 입양하는 문제는 아마 문중 차원에서 심사숙

고하여 결정하였으리라 생각된다. 이렇게 입양된 김면순은 사마시에 급제하고 아들도 둘을 낳았기 때문에 이 입양은 나름 성공적이었다. 하지만 이번에는 김면순의 생가에 양자가 필요한 상황이 되었다. 생가 친형인 김가순金可淳에게 아들이 없었던 것이다. 김면순의 생가에는 김가순 외에도 두 명의 형제가 더 있었지만, 이들도 각각 아들이 하나씩이었기에 장남 김가순을 도울 수 없었다. 그러자 이번에는 김면순이 자신의 생가 친형에게 자신의 차남 김준근金俊根을 입양 보내 대를 잇게 하였다. 부친의 생가 쪽으로 입양을 간 준근은 진사가 되고 목사 자리에 올랐지만, 서자만 두었을 뿐 적자를 낳지 못했다. 그러자 김면순은 장남 김영근金英根의 차남 병휴炳休를 준근의 양자로 다시 들

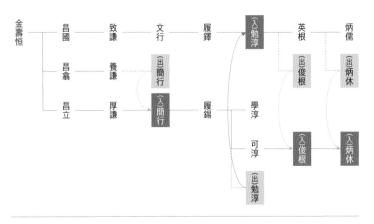

그림 20 안동 김씨 문정공파의 아들 교환(점선은 입양 보낸 아들과의 관계)

여보내 생가의 후계자로 삼게 하였다.

　양자들이 생가의 가계 계승을 돕기 위해 자신의 자손들을 생가 쪽으로 입양 보내는 이러한 행위는 당시 양반 가문에서는 흔한 일이었다. 그렇다면, 이렇게 친족 구성원들 사이에 아들을 교환하는 행동은 어떠한 효과를 가져왔을까. 우선 아들을 교환한 가족 또는 가계 사이에는 더 긴밀한 공동체 의식이 형성되었다. 이들은 가계의 단절이라는 위기 앞에서 귀한 아들과 손자를 주고받으며 공동으로 이 위기를 극복한 관계였기 때문이다.

　아들 교환은 친족의 공동체성을 강화하는 효과뿐 아니라 친족의 범위를 확대하는 결과도 가져왔다. 조선 후기 부계 친족 가문의 확대 현상은 이러한 자손 교환과 관련이 있을 수 있다. 아들을 교환한 가족이나 가계는 관념적인 측면에서 시조를 공유하는 동족에서 더 나아가 실제로도 뿌리를 공유하는 관계로 발전하게 되었기 때문이다. 조선 후기 양자를 들이는 범위, 즉 양부와 양자의 혈연적 거리는 시간이 흐르면서 멀어지는 경향이 있었다. 여전히 다수의 양자는 삼촌이나 오촌 조카였지만, 20촌이 넘고 30촌이 넘는 친족을 양자로 들이는 경우도 점차 증가한 것이다. 이는 수백 년 전 선조에서 갈라진 친족들이라고 하더라도 같은 핏줄이라고 인식하였기 때문에 가능한 일이었다. 동시에 조금이라도 더 뛰어난 후보자를 찾기 위해 후보자의 범위를 더 넓힌 결과물이기도 했다. 어쨌든 이러한 입양, 그리고 아들의 교환은 멀리 떨어진 친족들을 실제 혈연으로 묶는 계기가 되었다.

교환이 흔해지면서, 다른 가족으로 입양을 간 양자 역시 자신의 양가는 물론 생가의 문제에도 많은 관심을 가지게 되었다. 조선 후기에 증가하는 생양가 봉사 역시 이러한 경향에서 이해할 수 있다. 생양가 봉사란 입양 간 아들이 양가의 제사뿐 아니라 생가의 제사까지 도맡아 지내는 것을 말한다. 아주 흔한 경우는 아니었지만, 이러한 사례가 발견되는 것만으로도 양자들이 양가와 생가를 모두 중요하게 여겼음을 알 수 있게 해 준다.

하지만 친족 구성원의 범주가 막연히 확장된 것은 결코 아니었다. 비록 같은 부친, 조부 아래에서 나왔더라도 신분이 다른 서자들과 그 후손들은 조선 후기까지도 정당한 친족 구성원으로 인정받을 수 없었다. 이는 서자와 서파(서파는 서자의 후손들이 만든 파이다)에 대한 차별 의식이나 제도적 차별이 거의 사라진 같은 시기의 중국과 대비된다. 이런 점에서 중국과 달리 조선의 부계 친족 의식은 마지막까지도 신분의 장벽을 넘지 못했다고 보아야 할 것이다.

종宗에 대한 관심이 높아지다

친족 구성원들 사이의 아들 교환이 부계 친족의 범주를 확장하면서, 가문의 구심점에 대한 관심도 자연스레 늘었다. 조선 후기에는 부계 친족이 집단화되고 가문이 발전하면서 가문의 일을 주관하는 사람의 역할이 중요해지기도 했다. 일반적으로 이렇게 가문의 어른으로 입양 청원을 비롯한 친족 내 또는 친족 간 문제를 다루는 사람을 문장門長이라 한다. 문장은 입양 청원 등 대외적인 일에 나서야 했기에, 친족 내에서뿐 아니라 사회적으로도 지위가 있는 사람을 택하였다. 하지만 시간이 갈수록 문장의 자리만큼 가문 내 불천위 봉사손, 즉 종손이 주목받게 되었다. 봉사손 자리는 종법에 따라서도 중요한 자리였으며, 세대를 이어 한 가계를 계승하는 것이었기에 문장보다는 안정적으로 유지되었기 때문이다. 이렇듯 가문의 중심축으로 종宗에 대한 의식이 생겨나기 시작했다.

훌륭한 선조의 봉사손 자리에는 따라오는 이익이 많았다. 친족 내에서는 물론 사회적으로도 인정받았을 뿐 아니라, 국가에서 인정한 불천위의 경우 그 봉사손에게 관직, 제사 비용, 특별 사면 등의 특권이 주어지곤 했기 때문이다. 더구나 입양이 흔해지고 법적인 권한도 확고해지면서, 초기에는 양자의 위상

자체를 놓고 벌어지던 갈등에서 좋은 봉사손의 자리에 양자로 누구를 보낼 것인가를 놓고 벌어지는 것으로 갈등의 성격이 바뀌기 시작했다. 물론 종손의 자리가 가진 특권이 많아진 만큼, 그 자리를 원하는 구성원들 간의 경쟁도 심해졌다.

종손의 자리를 놓고 발생한 친족 구성원들 사이의 갈등에 대해서는 동래 정씨 정난종鄭蘭宗 종가의 고문서를 통해 밝혀진 사례로 알아보도록 하자. 정난종은 15세기에 활약한 인물로, 문과에 급제하여 다양한 관직을 역임하였다. 결정적으로 그는 본래 왕위 계승에서 밀려 있었던 성종을 왕위에 올리는 데 공헌하면서 좌리공신佐理功臣에 올랐고 불천위가 되었다. 이후 정난종의 후손 가운데 영의정 3명을 비롯하여 다수의 관료가 배출되면서 이 가문은 명문으로 자리 잡았다. 그런데 19세기 말, 봉사손 자리를 놓고 친족 내부에서 갈등이 발생하게 되었다.[41]

정학묵鄭學默은 정난종 가계의 종손으로 문과에도 급제하여 가문의 영광을 이어 가고 있었다. 다만 그의 독자 정석鄭奭이 대를 이을 아들을 남기지 못하고 일찍 사망한 것이 문제였다. 이에 학묵은 가장 가까운 친족인 정덕진을 사망한 아들의 양자로 들여 대를 잇게 하였다. 그러나 덕진 역시 아들을 낳지 못한 채 1895년(고종 32)에 사망하였다. 이에 1896년(고종 33), 정난종을 시조로 하는 여러 파가 모여 봉사손 문제를 논하고자 모임을 가졌다. 문중에서는 정학묵의 23촌 조카인 정규선鄭圭善을 봉사손으로 삼기로 하고 이전에 정학묵이 입양한 양손養孫 덕진은 파양하여 본가로 돌려보냈다.

이 입양에 반대하는 목소리도 있었다. 대표적인 인물은 정삼진이라는 자였는데, 정학묵의 육촌 형제의 손자이자 정학묵과는 팔촌 관계였다. 그는 사실상 봉사손의 자리에 혈연적으로 가장 가까운 후보자였다. 하지만 문중은 어떤 이유에선지 정삼진을 종손으로 삼지 않았던 것이다. 정규선이 양자가 된 지 3년 뒤, 정삼진이 입양에 대한 증명서를 발급해 준 장례원掌禮院에 이 입양이 잘못되었다는 소를 올리면서 문제가 커지게 되었다. 하지만 장례원이 문중의 손을 들어 주었을 뿐 아니라, 종법과 문중을 무시한 삼진을 처벌할 것을 명하면서 문제는 일단락되었다. 만약 조정에서 문중이 아니라 삼진의 손을 들어 주었다면 분쟁은 이렇게 간단히 끝나지 않았을 것이다. 여기서는 비록 동래 정씨의 사례만 살펴보았지만 종손의 자리를 놓고 벌어진 분쟁은 식민지기 다양한 문중에서 발생하였고, 그 결과 여러 대에 걸쳐 내려오던 종손의 자리가 뒤바뀌는 일이 벌어지곤 하였다.

종손의 지위는 갈수록 중요해졌고, 그에 따른 분쟁도 심해졌다. 여기에 기름을 부은 것은 일제의 토지조사사업이었다. 일제는 문중의 토지 등기 권리 능력을 인정하지 않았는데, 그 결과 문중이 관리하던 대규모의 토지가 종손 개인의 명의로 등기되었다. 수백 년, 수 대에 걸쳐 내려온 문중의 땅이 법적으로 종손의 땅이 된 것이다. 이렇게 법적으로는 개인의 토지가 된 문중의 땅을 종손이 개인적으로 처분하면서 해방 후까지 많은 갈등이 발생하였다. 이는 장기적으로 종손의 위상이 강화되는 결과로 이어졌다.

종법에 대한 의식이 성장하고 종손의 중요성이 커지면서 입양에도 그 영향이 나타났다. 바로 자신의 장남을 맏형이나 종손 또는 누대累代 장남의 자리인 주손胄孫의 양자로 보내는 경향이 많아진 것이다. 앞에서 살펴본 사례 중에서도 이러한 경우가 있었는데, 순조의 장인인 김조순이 장남을 사촌 형인 김용순에게 입양시켰던 것이 그것이다. 다행히도 김조순에게는 가계를 이을 아들이 또 있었지만, 아들이 없는 상황에도 자기 아들을 맏형에게 보내거나 주손 가계로 입양시키는 경우가 나타나기 시작했다.

연안 이씨 이면보李冕輔에게는 형이 넷 있었는데, 형들에게는 대를 잇게 할 후사가 없었다. 그러자 이면보는 자신의 독자를 맏형 이훈보李勛輔의 양자로 들여보내 가계를 잇게 하였다. 그러나 막상 자신은 다시 양자를 구하지 못하여 가계를 이어 가지 못했다. 나머지 두 형제 역시 양자를 들이지 못하여 족보에 후손이 없다는 표시인 무후無後 표시가 붙게 되었다.

　종법에 대한 이해와 종에 대한 존중 의식이 성장한 결과, 자신의 독자까지 양자로 보내는 이러한 현상이 곳곳에서 나타났다. 물론 자신은 다른 양자를 들여와야 했으며, 이것이 성공하지 못하면 가계가 단절되었다. 즉 가계의 영속성을 보장하기 위해 발명된 종법이 역설적이게도 차남 이하의 가계에는 단절을 가져오는 커다란 위협이 되기 시작한 것이다. 부계 친족의 강화와 종법의 발달이 모두에게 이익을 가져온 것은 아니었다.

입양과 가족, 공동체

조선시대에 가족은 일종의 종교였다. 유교가 국교이자 국시 國是였던 조선에서 유교의 핵심 가치인 효孝, 그리고 부자 관계 는 가히 종교적인 것이었다. 군신 관계에 적용되는 개념인 충忠 이 효와 상충할 때도 효의 논리가 압도하는 경우가 많았다. 이 런 조선에서 입양은 가족의 영속성을 지켜 주는 필수적인 기제 였다. 더구나 입양은 인위적으로 형성된 부자 관계에 의미를 부 여했을 뿐 아니라, 양부모의 노후 및 사후에 대한 불안감을 해 소해 주는 현실적인 도구였다. 친족 내에서 거듭된 입양은 아 들을 교환하고, 또 공유하는 범위 내에서 점차 한 핏줄, 가족이 라는 공동체성을 만들어 냈다. 그 범위가 확대되면서 부계 친족 집단, 즉 가문이 실질적인 힘을 가지게 되는 변화를 이끌었다.

무엇보다 남성 3-4명 가운데 한 명은 양자였을 정도로, 입양 은 당시에 보편적인 관습이었다. 그렇기에 입양은 조선시대, 특 히 조선 후기 가족문화의 형성에서 중요한 요소였다. 더구나 조선의 입양이 이웃 나라들과는 다른 목적과 방식으로 진행되었다는 점에서, 입양은 한국 가족문화의 특수성을 이해하기 위한 필수적인 요소라고 할 수 있다. 실제로 학자들은 한국 사회에 존재하는 강력한 가족주의의 뿌리로 전통적 가족 관념을 제시한다.

이것이 우리가 조선시대 입양에 주목해야 하는 이유이다. 가장 기본적인 사회조직인 가족이 인위적으로 재편되는 모습을 통해 유교의 핵심 원리인 효가 구체적으로 어떻게 작동하였는지, 그리고 조선시대 가족과 친족 개념이 얼마나 고도로 발달하였는지 이해할 수 있기 때문이다. 아들을 주고받기 위해 고려해야 했던 다양한 요소들을 살펴봄으로써 당시 양반들이 중요하게 여겼던 가치도 확인할 수 있다. 나아가 다른 나라와의 비교를 통해 우리 가족문화에 더 객관적으로 접근하는 것 또한 가능하다.

하지만 오늘날 우리에게 조선시대 입양이 이질적으로 느껴지는 것도 사실이다. 조선시대의 의미로서의 입양 그 자체가 오늘날에는 사라졌기 때문이다. 전통적 의미의 가계 계승 개념도 많이 사라졌다. 보건복지부의 '연도별 입양 아동 현황'에 따르면, 1950년 한국전쟁 이후부터 2019년까지 입양인 수는 국내 80,864명(32.5%), 국외 167,864명(67.5%) 등 총 248,728명에 달한다. 즉 현재 진행되는 대부분의 입양은 해외로의 입양이라는 것이다. 또 한국 정부는 2001년 이후 국내외로 입양되는 아이들의 수를 조사하고 있다. 이 데이터에서는 2001-2020년의 국내 입양아 가운데 남아는 평균 34.8%에 불과하며 그마저도 장기적으로 조금씩 감소하는 추세를 보인다. 이는 조선 후기에는 거의 모든 입양이 남성들을 대상으로 하였다는 사실과는 크게 대비된다. 오늘날 봉사자로서 남성 입양의 필요성이 사라진 것이다. 친딸들을 제쳐 두고 조가에게 기업을 상속시킨 대기업 회장의 결정이 뉴스거리가 된 것도 이런 행위가 흔하지 않은 일이 되어 버렸기 때문일 것이다.

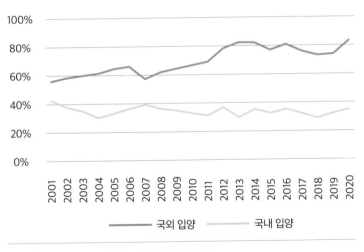

그림 21 국내외로 입양된 아동 가운데 남아의 비율

개인의 감정이나 친소 관계는 무시한 채 항렬, 혈연적 거리, 사회적 위상, 능력 등의 기준에 따라 가족을 인위적으로 재구성하는 전통시대의 입양은 오늘날 한국 사회에서는 받아들이기 어려운 요소들을 여럿 가지고 있다. 하지만 타인을 가족 구성원으로 받아들이고 그 관계를 하늘이 내린 것처럼 소중히 여기던 조선시대 입양의 정신과 효과에 대해서는 되돌아볼 필요가 있다. 가족 자체가 새롭게 정의되어야 하는 오늘날의 우리에게 시사점을 제공하기 때문이다. 피가 섞이지 않은 남을 가족으로 삼는 데서 느끼는 양부모와 양자의 불안감을 종교적 가족 윤리로 보완해 주던 유교의 역할 역시 낮은 국내 입양률과 출산율에 대한 고민거리를 던져 준다.

1 이처럼 조선시대의 입후와 오늘날의 입양은 분명한 차이가 있으나, 입후나 계후라는 용어가 익숙하지 않은 독자들을 위해 이 글에서는 조선시대의 타인을 후계자로 세우는 행위를 익숙한 용어인 입양이라 표현하도록 한다.

2 후계자로 입양한 아들을 의미하는 계자 역시 현대 독자들의 이해를 위해 더 익숙한 용어인 양자로 표현하도록 하겠다.

3 17세기부터 19세기 전반 출생한 안동 김씨 문정공파, 연안 이씨 관동파, 진성 이씨 퇴계파 적자 남성 가운데 입양을 통해 가계를 이은 자는 253명으로, 그 비율은 전체 696명 가운데 무려 36%에 달한다. 한상우, 『朝鮮後期 兩班層의 親族 네트워크』, 성균관대학교 박사학위논문, 2015.

4 제사를 어떤 원리로 승계하느냐의 문제에 관해서는 다음 책을 참고하였다. 정긍식, 『조선시대 제사승계의 법제와 현실』, 한국학중앙연구원출판부, 2021.

5 『宋子大全』第207卷, 「重峯趙先生行狀」.

6 김건태는 조선 후기 양반들의 농업 경영 규모가 점차 영세해져 갔음을 보여 주었다. 김건태, 『조선시대 양반가의 농업경영』, 역사비평사, 2004.

7 Son, Byung-giu, "The Effects of Man's Remarriage and Adoption on Family Succession in the 17th to the 19th Century Rural Korea", *Sungkyun Journal of East Asian Studies* 10, Academy of East Asian Studies, 2010.

8 물론 정실이 살아 있는 한 남성은 재혼할 수 없었다. 아내를 쫓아 버릴 수 있는 칠거지악(七去之惡) 가운데 아들을 낳지 못하는 경우가 있긴 하지만, 실제로 칠거지악이 이혼의 근거로 이용되었을 가능성은 희박하다.

9 그러나 이는 주장에 불과할 뿐, 실제로 혈연관계가 있는지는 정확히 알 수 없다.

10 수양, 시양 등 조선 전기 타성 입양 사례는 박경, 『조선 전기의 입양과 가족제도』, 혜안, 2011에 잘 정리되어 있다.

11 박경, 「'3세전 수양'의 함의 변천을 통해 본 조선의 법 제정과 운용」, 『조선시대사학

보』82, 조선시대사학회, 2017.

12 현재 광평대군은 무안대군의 양자가 아니라 봉사손(奉祀孫), 즉 제사를 맡은 손자로 불린다.

13 입양의 절차에 대해서는 박경, 앞의 책을 참고하였다.

14 『계후등록』과 『별계후등록』에 대한 연구는 다음 연구에서 자세히 다루고 있다. 고민정, 『朝鮮後期 家系繼承 硏究 ─立後制를 중심으로』, 강원대학교 박사학위논문, 2014.

15 뒷부분에 등장하는 조선 후기 세도가문 (신)안동 김씨의 핵심 인물 김창집에게 사약을 전달한 것도 조문보였다. 그가 당시 김창집에게 사약을 마시도록 독촉한 내용은 김창집의 묘비명에 기록되었다.

16 천주교 신자로서 김건순의 삶에 관해서는 다음 책을 참고하였다. 정민, 『서학, 조선을 관통하다』, 김영사, 2022.

17 최재석, 『한국가족 제도사 연구』, 일지사, 1983.

18 Son, Byung-giu, op. cit.

19 한상우, 「조선후기 양반층의 立後 양상과 전략적 繼子 선택 ─安東金氏 文正公派, 延安李氏 館洞派, 眞城李氏 退溪후손들을 중심으로─」, 『조선시대사학보』 73, 조선시대사학회, 2018.

20 로저 자넬리·임돈희 지음, 김성철 옮김, 『조상의례와 한국사회』, 일조각, 2000.

21 권내현, 「조선후기 입양의 시점과 범위에 대한 분석」, 『대동문화연구』 62, 성균관대학교 대동문화연구원, 2008.

22 한상우, 「《繼後謄錄》과 족보의 비교를 통해 본 조선후기 입후의 특징」, 『고문서연구』 51, 한국고문서학회, 2017.

23 구병준, 「조선총독부의 인구관리와 영아사망률 통계 문제」, 『역사문제연구』 44, 역사문제연구소, 2020.

24 채평윤과 채응동의 관계에 대해서는 다음 논문을 참고하였다. 박동욱, 「조선시대 養子의 한 풍경 ─채팽윤의 한시를 중심으로─」, 『민족문화』 60, 한국고전번역원, 2022.

25 袁采, 『袁氏世範』 卷1, 「睦親」, "養子長幼異宜".

26 안동 김씨의 입양 사례는 다음 논문을 참고하였다. 한상우, 「조선후기 양반층의 立後 양상과 전략적 繼子 선택 ─安東金氏 文正公派, 延安李氏 館洞派, 眞城李氏 退溪후

손들을 중심으로—」, 앞의 논문.

27 양주 조씨의 사례는 다음 연구를 참고하였다. 한상우, 「정치적 선택이 불러온 친족의 분화 —양주조씨의 선택과 분화를 중심으로—」, 『조선시대사학보』103, 조선시대사 학회, 2022.

28 김화진 외, 『韓國歷代野史全集』10권, 신태양사, 1981; 서수재, 「古今淸談 30—李文源 의 奇行 上·中·下」, 『경향신문』, 1975. 5. 12., 15., 19., 5면.

29 한상우, 「조선후기 양반층의 立後 양상과 전략적 繼子 선택 —安東金氏 文正公派, 延 安李氏 館洞派, 眞城李氏 退溪후손들을 중심으로—」, 앞의 논문.

30 고민정, 앞의 논문.

31 이 사례는 남붕이 약 10여 년에 걸쳐 쓴 『海洲日錄』이라는 일기에 등장한다.

32 한상우, 「조선후기 양반층의 立後 양상과 전략적 繼子 선택 —安東金氏 文正公派, 延 安李氏 館洞派, 眞城李氏 退溪후손늘을 중심으로 」, 앞익 논문

33 노상추의 이야기는 한국국학진흥원에서 제공하는 스토리테마파크의 정보를 이용하 여 작성하였다.

34 이 사례는 호남권 한국학자료센터에서 소장한 소지류 등의 해제를 이용하여 그 내용 을 재구성하였다. http://hnkostma.org/.

35 박경, 앞의 책, 175쪽.

36 各司受敎, 『禮曹受敎』48, 「癸丑四月二十日承傳」.

37 정긍식, 『한국 가계계승법제의 역사적 탐구』, 흐름, 2019.

38 마크 피터슨 지음, 김혜정 옮김, 『유교사회의 창출 —조선 중기 입양제와 상속제의 변화』, 일조각, 2000; 마르티나 도이힐러 지음, 이훈상 옮김, 『한국의 유교화 과정 — 신유학은 한국 사회를 어떻게 바꾸었나』, 너머북스, 2013.

39 정긍식, 『조선시대 제사승계의 법제와 현실』, 앞의 책.

40 권내현, 「조선후기 입양의 확산 추이와 수용 양상」, 『역사와 현실』73, 한국역사연구 회, 2009.

41 허원영, 「한말 한 종가의 입후(立後)를 둘러싸고 발생한 사건들 —東萊鄭氏 鄭蘭宗 종 가의 고문서 자료를 통한 재구성」, 『사회와 역사』75, 한국사회사학회, 2007.

참고문헌

가와무라 야스시 지음, 임대희 옮김, 『송대에 있어서의 양자법』, 서경문화
　　사, 2005.
고민정, 『朝鮮後期 家系繼承 硏究 ─立後制를 중심으로』, 강원대학교 박사
　　학위논문, 2014.
구병준, 「조선총독부의 인구관리와 영아사망률 통계 문제」, 『역사문제연
　　구』 44, 역사문제연구소, 2020.
권내현, 「조선후기 입양의 시점과 범위에 대한 분석」, 『대동문화연구』 62,
　　성균관대학교 대동문화연구원, 2008.
＿＿＿, 「조선후기 입양의 확산 추이와 수용 양상」, 『역사와 현실』 73, 한국
　　역사연구회, 2009.
＿＿＿, 『유유의 귀향, 조선의 상속』, 푸른역사, 2021.
김건태, 『조선시대 양반가의 농업경영』, 역사비평사, 2004.
김화진 외, 『韓國歷代野史全集』 10권, 신태양사, 1981.
도이힐러, 마르티나 지음, 이훈상 옮김, 『한국의 유교화 과정 ─신유학은 한
　　국 사회를 어떻게 바꾸었나』, 너머북스, 2013.
＿＿＿＿＿＿＿ 지음, 김우영·문옥표 옮김, 『조상의 눈 아래에서 ─한
　　국의 친족, 신분 그리고 지역성』, 너머북스, 2018.
문숙자, 『조선시대 재산상속과 가족』, 경인문화사, 2004.
미야지마 히로시 지음, 노영구 옮김, 『양반 ─우리가 몰랐던 양반의 실체를
　　찾아서』, 너머북스, 2014.

박 경, 『조선 전기의 입양과 가족제도』, 혜안, 2011.

_____, 「'3세전 수양'의 함의 변천을 통해 본 조선의 법 제정과 운용」, 『조선
　　　시대사학보』 82, 조선시대사학회, 2017.

박동욱, 「조선시대 養子의 한 풍경 ―채팽윤의 한시를 중심으로―」, 『민족
　　　문화』 60, 한국고전번역원, 2022.

박미해, 『유교적 가부장제와 가족, 가산』, 아카넷, 2010.

박종천, 「의례적 계승인가, 사회적 구휼인가? ―조선 후기 입후(立後)와 입양
　　　(入養)에 대한 다산의 논의」, 『다산학』 16, 재단법인다산학술문화재
　　　단, 2010.

백광렬 외, 「한국의 가족주의와 가족 관념: '사회결합'론의 관점」, 『한국사회
　　　학』 52(4), 한국사회학회, 2018.

손병규, 『호적(1606-1923): 호구기록으로 본 조선의 문화사』, 휴머니스트,
　　　2007.

자넬리, 로저·임돈희 지음, 김성철 옮김, 『조상의례와 한국사회』, 일조각,
　　　2000.

정긍식, 『한국 가계계승법제의 역사적 탐구』, 흐름, 2019.

_____, 『조선시대 제사승계의 법제와 현실』, 한국학중앙연구원출판부,
　　　2021.

정 민, 『서학, 조선을 관통하다』, 김영사, 2022.

최재석, 『한국가족제도사연구』, 일지사, 1983.

피터슨, 마크 지음, 김혜정 옮김, 『유교사회의 창출 ―조선 중기 입양제와
　　　상속제의 변화』, 일조각, 2000.

한상우, 『朝鮮後期 兩班層의 親族 네트워크』, 성균관대학교 박사학위논문,
　　　2015.

_____, 「《繼後謄錄》과 족보의 비교를 통해 본 조선후기 입후의 특징」, 『고

문서연구』51, 한국고문서학회, 2017.

_____, 「조선후기 양반층의 立後 양상과 전략적 繼子 선택 —安東金氏 文正公派, 延安李氏 館洞派, 眞城李氏 退溪후손들을 중심으로—」, 『조선시대사학보』73, 조선시대사학회, 2018.

_____, 「정치적 선택이 불러온 친족의 분화 —양주조씨의 선택과 분화를 중심으로—」, 『조선시대사학보』103, 조선시대사학회, 2022.

허원영, 「한말 한 종가의 입후(立後)를 둘러싸고 발생한 사건들 —東萊鄭氏 鄭蘭宗 종가의 고문서 자료를 통한 재구성」, 『사회와 역사』75, 한국사회사학회, 2007.

Kim, Kuentae & Hyunjoon Park, "Family succession through adoption in the Chosun Dynasty", *The History of the Family* 15(4), 2010.

Son, Byung-giu, "The Effects of Man's Remarriage and Adoption on Family Succession in the 17th to the 19th Century Rural Korea", *Sungkyun Journal of East Asian Studies* 10, Academy of East Asian Studies, 2010.